應用社會科學調查研究方法系列叢書 21

次級資料研究法

Secondary Research

David W. Stewart
Michael A. Kamins 著
董旭英・黃儀娟 譯
齊 力 校閱

弘智文化事業有限公司

David W. Stewart/Michael A. Kamins

Secondary Research: Information Sources and Methods

原書第二版序

　　當本書第一版於 1984 年首度問世時，資料的存取仍停留在手控（manual）的時代。電腦的使用僅止於「可遠觀而不可褻玩焉」的距離美感。準此，第一版著重於介紹圖書館資料的使用及查閱字典的方法。今日，雖然圖館資訊及印刷文獻的使用仍具有一定的重要性，但若不介紹電腦輔助資訊存取系統的使用方法，則當屬缺憾。因為使用電腦查詢資料可以更為迅速容易、方便省時，又省力省錢，且期能在短時間內找到大量資料的功能，早已是時代所趨。雖然電腦資料之搜尋增加了評估及詮釋資訊的負擔，但是使用電腦系統搜尋資料的確是研究工作劃時代的革命性產物，此時運用次級資料分析所必備的技能與努力更是不可或缺的。

　　在編排上，第二版與第一版非常類似。第一章即定義何謂次級資料，並且簡略介紹次級資料分析的任務與功能。第二章則討論評估次級資料的重要性及相關問題。隨後幾章則介紹不同資料庫的性質，諸如政府資料庫及企業提供之資料庫等。最末兩章則介紹以電腦為輔助體系的資料庫，諸如線上資料搜尋及光碟資料庫等等。最後則提供搜尋資料的實

例，以及整合、分析與詮釋次級資料的方法。

　　自第一版後，資料庫數量急速增加，因此在不增加內容的前提之下，增加了編寫第二版的困難度，同時也因為資料庫產業的快速變遷，一日千里的進步與淘汰，使得第二版的編寫顯得更為困難。研究產業及出版業對於此現象早已有所認知，對於未來不斷進步及互相聯盟合併的趨勢也早有心理準備。雖然認知到這本書及其知識處於快速淘汰之境，但仍努力嘗試充實其內容，並增加其時效性，盡可能窮盡研究領域中所能得到的知識。

　　第一版與第二版的差別主要在於第二位作者的加入。生力軍為本書提供了更多新的見解與編排方式的改進，對於搜羅新資訊更為有利。

　　本書僅此感謝 Len Bickman 與 Debra Rog 兩位 Sage 出版社之社會研究方法論系列的編輯，感謝兩位對於出版本書二版的督促與努力。最後，更要感謝已經讀過第一版的讀者，在使用本書作為課堂教學之用後所提供的意見，對於本書之出版更是獲益匪淺！

David. W. Stewart

Michael A. Kamins

作者小傳

David W. Steward

　　Baylor 大學博士。目前為南加大（*University of Southern California*）的行銷系主任。在任教南加大之前，他曾任職於 *Vanderbilt* 大學 Owen 管理研究所的行銷學教授，兼任聯合學院院長。另外，他也曾任「消費者心理學學會」（*Society for Consumer Psychology*）的總幹事及「美國心理學會」（*American Psychological Association*）與「美國心理學會」的會員（*American Psychological Society*），其著作或合著之出版品超過 100 篇，主要著作包括「次級資料研究:資料庫與研究方法」（*Secondary Research: Sources and Methods*）、「成功的電視廣告: 1000 個廣告實例研究」（*Effective Television Advertising: A Study of 1,000 Commercials*）、「消費者行為與行銷實務」（*Consumer Behavior and the P ractice of Marketing*）、「非口語之廣告溝通術」（*Nonverbal Communication in Advertising*）、「焦點團體：理論與實務」（*Focus Group: Theory and Practice*）、「廣告與消費者心理學」

（*Advertising and Consumer Psychology*）。其他出版品則多刊載於「行銷研究期刊」（*Journal of Marketing Research*）、「行銷期刊」（*Journal of Marketing*）、「消費者研究期刊」（*Journal of Consumer Research*）、「管理科學」（*Management Science*）、「廣告期刊」（*Journal of Advertising*）、「廣告研究期刊」（*Journal of Advertising Research*）、「管理學術期刊」（*Academy of Management Journal*）、「應用心理學期刊」（*Journal of Applied Psychology*）、「保健行銷期刊」（*Journal of Health Care Marketing*）、「皇家統計學會期刊」（*Journal of the Royal Statistical Society*）、「當代廣告研究」（*urrent Issues and Research in Advertising*）等等。由他擔綱編輯的學術期刊多達十種，包括上述之「行銷期刊」及「行銷研究期刊」。專業研究領域廣泛，包括消費情報蒐集與決策、廣告行銷、行銷資料的分析方法論及行銷策略等等。在媒體上也常常發表文章及研究發現。

Michael A. Kamins

　　紐約大學博士。目前為南加大行銷系副教授，有關行銷領域的文章發表超過 15 篇。文章常見於「行銷期刊」、「行銷研究期刊」、「廣告研究期刊」、「行銷科學學術期刊」等等。他的研究主要專注於解釋商業廣告的認知反應及其效力。至於他的研究結果對商業發展的影響，則可從諸如華爾街周刊

（*Wall Street journal*）及洛杉磯時報（*Los Angeles Times*）等大型媒體中的報導知悉！

譯序

　　本譯著能夠面世，真是幾經波折。起初，主編群認為此書某些章節失去其時效性，而且書中提及的次級資料庫資訊，只適用於國外研究者，所以對翻譯此書的貢獻價值十分存疑。筆者與弘智文化事業有限公司的李茂興先生經多次討論後，認為此書雖然部份內容，對國內學者進行次級資料分析研究未能提供適當的參考價值，但對如何進行次級資料分析的原則、步驟、評估等重要技術，都有詳盡的介紹。加上到目前為止，國內並沒有次級資料分析的相關中文書籍，而有系統的次級資料庫正不斷在國內發展。如中研院的社會變遷調查資料庫，及國科會科學技術資訊中心等。所以此一次級資料的譯著，對國內從事社會科學研究的相關學者或學生必定有其適切性及實質意義。所以在彌補原著上的缺限，筆者在本譯著的最後，介紹一些台灣現有次級資料庫，以便提升本書的實質使用價值。而此一譯著的出版主要希望收到拋磚引玉之效，能讓相關學者對推動國內次級資料分析研究，提供更多寶貴意見及專業技術知識。

　　最後在此謹誌數語，一方面感謝李茂興先生的支持及翻

譯專業知識的協助，另一方面，對於南華大學教育社會學研
究所研究生余月美及石淑慧小姐的幫助整理台灣現有資料
庫資訊，在此一併致謝。

董旭英　謹誌
於國立成功大學教育研究所
民國八十九年十月

叢書總序

美國加州的 Sage 出版公司，對於社會科學研究者，應該都是耳熟能詳的。而對研究方法有興趣的學者，對它出版的兩套叢書，社會科學量化方法應用叢書（Series: Quantitative Applications in the Social Sciences），以及社會科學方法應用叢書（Applied Social Research Methods Series），都不會陌生。前者比較著重的是各種統計方法的引介，而後者則以不同類別的研究方法為介紹的重點。叢書中的每一單冊，大約都在一百頁上下。導論的課程之後，想再對研究方法或統計分析進一步鑽研的話，這兩套叢書，都是入手的好材料。二者都出版了六十餘和四十餘種，說明了它們存在的價值和受到歡迎的程度。

弘智文化事業有限公司與 Sage 出版公司洽商，取得了社會科學方法應用叢書的版權許可，有選擇並有系統的規劃翻譯書中的部分，以饗國內學界，是相當有意義的。而中央研究院調查研究工作室也很榮幸與弘智公司合作，在國立編譯館的贊助支持下，進行這套叢書的翻譯工作。

一般人日常最容易接觸到的社會研究方法，可能是問卷

調查。有時候，可能是一位訪員登門拜訪，希望您回答就一份蠻長的問卷；有時候則在路上被人攔下，請您就一份簡單的問卷回答其中的問題；有時則是一份問卷寄到府上，請您填完寄回；而目前更經常的是，一通電話到您府上，希望您撥出一點時間回答幾個問題。問卷調查極可能是運用最廣泛的研究方法，就有上述不同的方式的運用，而由於研究經費與目的的考量上，各方法都各具優劣之處，同時在問卷題目的設計，在訪問工作的執行，以及在抽樣上和分析上，都顯現各自應該注意的重點。這套叢書對問卷的設計和各種問卷訪問方法，都有專書討論。

問卷調查，固然是社會科學研究者快速取得大量資料最有效且最便利的方法，同時可以從這種資料，對社會現象進行整體的推估。但是問卷的問題與答案都是預先設定的，因著成本和時間的考慮，只能放進有限的問題，個別差異大的現象也不容易設計成標準化的問題，於是問卷調查對社會現象的剖析，並非無往不利。而其他各類的方法，都可能提供問卷調查所不能提供的訊息，有的社會學研究者，更偏好採用參與觀察、深度訪談、民族誌研究、焦點團體以及個案研究等。

再者，不同的社會情境，不論是家庭、醫療組織或制度、教育機構或是社區，在社會科學方法的運用上，社會科學研究者可能都有特別的因應方法與態度。另外，對各種社會方法的運用，在分析上、在研究的倫理上以及在與既有理論或文獻的結合上，都有著共同的問題。此一叢書對這些特定的方法，特定的情境，以及共通的課題，都提供專書討論。在

目前全世界，有關研究方法，涵蓋面如此全面而有系統的叢書，可能僅此一家。

　　弘智文化事業公司的李茂興先生與長期關注翻譯事業的余伯泉先生（任職於中央研究院民族學研究所），見於此套叢書對國內社會科學界一定有所助益，也想到可以與成立才四年的中央研究院調查研究工作室合作推動這翻譯計畫，便與工作室的第一任主任瞿海源教授討論，隨而與我們兩人洽商，當時我們分別擔任調查研究工作室的主任與副主任。大家都認為這是值得進行的工作，尤其台灣目前社會科學研究方法的專業人才十分有限，國內學者合作撰述一系列方法上的專書，尚未到時候，引進這類國外出版有年的叢書，應可因應這方面的需求。

　　中央研究院調查研究工作室立的目標有三，第一是協助中研院同仁進行調查訪問的工作，第二是蒐集、整理國內問卷調查的原始資料，建立完整的電腦檔案，公開釋出讓學術界做用，第三進行研究方法的研究。由於參與這套叢書的翻譯，應有助於調查研究工作室在調查實務上的推動以及方法上的研究，於是向國立編譯館提出與弘智文化事業公司的翻譯合作案，並與李茂興先生共同邀約中央研究內外的學者參與，計畫三年內翻譯十八小書。目前第一期的六冊已經完成，其餘各冊亦已邀約適當學者進行中。

　　推動這工作的過程中，我們十分感謝瞿海源教授與余伯泉教授的發起與協助，國立編譯館的支持以及弘智公司與李茂興先生的密切合作。當然更感謝在百忙中仍願抽空參與此項工作的學界同仁。目前齊力已轉往南華管理學院教育社會

學研究所服務，但我們仍會共同關注此一叢書的推展。

章英華・齊力
于中央研究院
調查研究工作室
1998 年 8 月

目錄

1

緒論

　　次級資料包括不同的資料來源，以及由其他研究人員所
搜集的資料或不同形式的檔案。這些資料來源包括政府部門
的報告、工商業界的研究、文件記錄資料庫、企業組織資料
以及圖書館中的書籍及期刊。次級資料能提供一個相當便捷
及經濟的路徑以回答不同的問題。次級資料更包涵一個重要
的意義，就是將原始研究所搜集的資，作新的方向分析。

　　最近，一間相當有規模的國際冷凍食品公司考慮在日本
開拓家庭用冷凍炸薯條市場，其中一個重要的考量，是日本
家庭對購買冷凍薯條的意願。換言之，該公司需要掌握日本
的消費型態傾向。明顯地，其它類似的大企業也打算進軍日
本市場，所以需要迅速作一明智的決定。

一個可行的辦法，是進行一項全日本的家庭消費調查，但這樣一來，不單成本昂貴，而且十分耗時。另一個更有效、更省時及更經濟的方法，就是使用與消費性行為有關的既存國際統計資料。所以，研究人員開始尋找相關的資料記錄，例如「國際統計資料索引」(Index to International Statistics: A Guide to the Statistical Publications of International Intergovernment Organizations)。這是由美國國會資訊服務中心（ Congressional Information Service ）所編印的資料。從此可以說明，不是每一個研究都需要搜集第一手資料。（例如，研究者為了達成研究目的，親自搜集原始資料）。上述例子可以證明，重要的資訊往往已經存在於可以方便取得的公開資料庫中。面對相同市場的競爭者，在獲得資料的時效性、調查研究的成本、以及現存資訊的應用等考量上，使用公開資料庫實為明智之舉。

　　就上述例子而言，選用次級資料可算是聰明的判斷。但是在應用次級資料時，必需了解既存資料的特性及如何獲得所需的資料，所以採用合適的次級資料也需要時間來辦認與搜集。有些資料在取得上並不容易，許多社會科學家對一些具規模而可用的資料都有所認識。同樣地，如何實際應用現存資料，已成為大部份研究計劃努力的主要方向。這些現存的資料被稱之為次級資料（ secondary data ）。當初這些資料被搜集的目的在於描述一般現象，或者是在研究過程中用於探討特殊問題。次級資料包涵許多不同的形式，從政府機構及團體組織所進行之龐大統計工作，以至獨立研究者的非公開觀察結果。

1950 年代成立了一個相當具規模的國際資料企業，主要業務為搜集及儲存，甚至銷售不同類型的資料。今天，隨著唯讀光碟片（CD-ROM）技術的誕生，一片光碟信息容量相當於 1800 片軟式磁碟能處理的資料容量，基本上，最近資訊技術的發展，大大提升了個人或團體組織在處理及應用既存資料的能力。事實上，這些技術的改變已經影響了今天學術研究進行的方式，使次級資料更容易取得及處理，而這一新趨勢會不斷地繼續發展。

　　許多研究人員搜集原始資料，只是針對一般普遍情況分析而已，但這些資料經常以摘要或簡明的報告呈現。像這類型的摘要報告，稱之為次級資料來源（secondary sources）。而次級資訊（secondary information）一詞通常指的是次級資料（不同於研究的原始資料）與次級資料來源（這些原始資料的摘要報告）。在此書中，上述的術語常常交替使用，因為在實際應用次級資料時，這些術語的界定就變得模糊難辨。次級資料分析（secondary analysis）則是指對次級資料的應用。簡言之，次級資料分析是既存的資料再作進一步的分析研究。次級資料分析可能只是針對原始資料的研究目的作進一步的分析，或者是應用原始資料探討另一個全新的研究問題。有時候，研究者會綜合數個原始資料作次級分析，但有時候只會應用一個原始資料作再分析。

　　許多研究人員正努力開始使用不同方式的次級資料分析技巧。次級資料來源使研究人員更加了解，我們究竟知道什麼？有什麼我們仍需要努力去解決？以及什麼樣的特殊問題環繞著我們？在次級資料來源整理的過程中，研究者可

能可以找出有效的方法解決眾所關心的研究問題。事實上，研究者常常不只依賴單一資料來源，而是組合多個原始資料去尋找答案。舉例而言，社會科學往往在某個領域中，綜合不同的實證研究結果及發現建立出新的理論。

次級資料研究不同於原始資料研究（primary research），主要是搜集原始資料並非分析者的責任。在次級資料研究過程中，分析者是在原始資料已完全搜集後，設計研究進程，在原始資料分析研究中，分析者的責任則包括設計研究過程，搜集相關資料，分析及摘要結果。在某些情形下，原始資料與次級資料研究往往呈現相互替代的關係。例如，如果一名研究人員希望探討都會民眾使用交通工具的習慣，而採用了對該地區居民作抽樣調查研究方式去尋找答案。這便稱為原始資料研究。該研究者便設計問卷，其中可能包括不同類型交通工具的使用情況、居民度假出遊的型式，居民所喜好的交通工具，以及其他相關資訊。調查問卷寄至多位受訪居民手中。當問卷回收後，研究者便開始整理受訪者的答案，並摘要所得的資料。

研究人員也可以採用不同的研究方法，探討上述相同的問題——即次級資料分析。如果之前已經有研究者探討過都會地區民眾使用交通的情形，就可能已對交通工具使用習慣的不同問題提供了答案。事實上，美國聯邦普查局已經進行過類似的調查，包括使用交通工具習慣的調查。所以，研究者可以利用普查局的相關資料，無需親身設計問卷以收集資料。應用普查局的現有資料去解答有關大都會居民使用交通工具情形，比採用原始資料研究更快捷且節省成本。相反

地，使用次級資料的缺點，可能是普查局既有的資料並未能解答研究者所關心的問題，甚至普查局所調查的內容，並非研究者所希望探討的方向。

　　最常見的是，原始資料及次級資料研究有互補作用，而並非以替代形式出現。研究的產生通常是由於研究者希望回答某些問題或達成某些目的。而這目的達成或相關問題的答案都需足夠的資料來支持。這些資料——無論是原始資料或次級資料——只要具有可信度，以及容易提供答案並回答研究問題，其他都不重要。事實上，使用次級資料研究可節省成本及時間。但有時候，先前的資料並不能回答所有的問題，在這種情形下，原始資料分析便有其必要性。次級資料分析，首先可替研究定下基本發展的方向，並找出值得探討的研究問題。而且，次級資料分析能為原始資料之研究工具提供方法上的參考。研究者應如何擬定研究問題的方向、測量工具（例如問卷）的編製以及樣本的採取等，都可以從次級資料的分析結果獲得線索。

　　次級資料應用的層面，包括政府部門、大企業以及其他組織團體。適當的資訊是影響行政決策的重要因素，因為在搜集原始資料時，通常需要昂貴的成本，所以次級資料分析常被認為是較有效及可行的方法。除了確實必須以新的資料才能解答的研究問題外，應多採用既存資料。一個完整的次級資料更能增加原始資料研究的有效性。

　　有趣的是，許多研究人員及團體組織並沒有好好利用次級資訊所提供的有利條件。主要是因為近廿年來人類資訊發展爆炸，又缺乏一個有效的系統去整理這些資料。但是，正

如先前所提到的，唯讀式光碟片的技術便可能突破此一困境。事實上，一個沒有應用次級資料作前導探索的研究，是很難讓人理解的。既存的資料提供發展研究問題的基本導向、新式研究設計的指引，以及分析和解釋新資訊的方向。再次強調，研究人員應該不斷去發掘究竟什麼資料已經存在。其實，原始資料研究的目的，主要是填補現存知識的空隙。所以，若希望能夠準確地填補現有知識的空隙，必須先了解現存的知識及其內容。

現存的資料常通常稱爲次級資訊（secondary information），而「次級」一詞常暗示著並不重要的資料，當研究人員認爲研究的標題並非相當特殊，而且無需搜集原始資料時，才考慮應用次級資料。事實上，所有的原始資料研究，都可能成爲日後其他研究者的次級資料。本書稍後會詳細檢驗不同的次級資料來源、介紹特殊的次級資料庫，並且說明如何應用這些次級資料。首先，讓我們討論次級資料的優點。

次級資料的優點

次級資料在應用上比搜集原始資料擁有更多有利的條件。最明顯的優點就是省時及降低研究成本。普遍來說，次級資料的應用比建立原始資料所需的成本爲低，甚至取得次級資料時需給付的費用，還是比搜集原始資料所需的成本爲

低。當研究人員希望能儘速回答研究問題時，次級資料的應用是一個實際且有效的途徑。如果在搜集原始資料受到預算及時間之限制時，使用次級資料可能就比搜集新資料更為有利。

次級資料藉由建立研究問題、研究假設及研究設計，為有效的補充研究提供了一個開始。次級資料應用於填補現存知識的漏洞時，能提升研究花費的最大價值。次級資料研究同時提供一個有效的比較研究工具。為了檢驗不同時代的取向，研究者可比較新資料與現存資料之差異，找尋正確的結果。次級資料分析也可能解答以下的問題：是否新的資料能夠代表母群體的特性，正如檢驗抽樣的代表性。我們可以藉由聯邦普查比較樣本的個人特質與母群體的特質是否有差異。這樣一來，我們就可能找出樣本代表母群體的程度。

次級資料的限制

1989 年 9 月 12 日，波士頓世界日報頭條刊載：「大專校院委員會表示，許多少數民族在 1989 年大學入學性向測驗的分數都有上升」。在同一天，紐約時報報導：「少數民族學生之大學入學測驗分數大幅提升」。然而紐約的每日新聞報則聲稱「女性及少數民族學生在大學入學性向測驗分數上，都有大幅下降的趨勢」。華爾街雜誌其中的一篇文章對整個大學入學考試作了一般性的報導，聲稱：「整個大學入學測

驗分數都呈現下降的趨勢」。但美國今日日報則不同意此種說法，「大學入學性向測驗自 1980 年代末期便不再上升」。而芝加哥論壇則認為「大學入學考試分數跌至五年內新低」。

從上述的資料，你可能會問：「究竟有多少種大學入學性向測驗分數？」這個例子明顯地說明，應用二手資料作報導及解釋事件時可能會發生一些歧見。資料的搜集通常是為了特定的目標，而一個特定的目標可能會造成非故意或無心的偏見。正如 Reichman（1962）提及：

> 報章雜誌的報導對事情結果的解釋沒有幫助，通常記者們只選擇民眾較感興趣的部份作報導，並強調報導的事件。儘管也有比較詳盡的報導，但亦甚為罕見。這些情況對媒體報導而言並非缺失，因為報導的主要功能在於吸引民眾注意，並非完整地描述該事件（p. 261）。

同時，有些資料涵蓋的範圍甚廣，研究的目在於對獲得的資料作解釋，但可使用許多不同的觀點，甚至是互相衝突的結論。而相反的觀點，又可能被其他資料所支持。Reichman（1962）談到「某些報導誤解了資料的真實性，而且強調錯誤的結論，因此使該統計數據不受歡迎」。所以次級資料的可用性必須經過謹慎的評估。在第二章會詳細討論如何評估次級資料的可用性。

事實上，次級資料的搜集原本就是為了特定的研究目的，但這樣可能會產生其他問題。如變項類別的定義、特定

的測量方法，或研究處理的效應，這些問題都可能使次級資料失去適合應用於某些研究目的上的資格。很少次級資料適用於個人的觀察研究。這表示當資料被聚合成某種形式時，便不適合用在其它特別的研究目標。況且，次級資料的內容定義都是在過去的時間所完成。所以，這些資料往往會失去某些特定研究目的之時效性。這也是普查資料的主要問題，因為當普查資料搜集完成後，需要至少兩年才能公開使用。

次級資料的來源

　　雖然通常從圖書館可獲得大量有用的資訊，但次級資料亦可從不同來源及不同形式獲得。圖書館的優點是將既有的資料分門別類以方便使用。大學圖書館傾向保存學術性相關資料；公共圖書館則提供一般民眾所需的資訊及事務性的相關資料；而政府圖書館偏重於處理政府文件；至於私人商業性圖書則針對顧客所需提供不同的資訊。許多商業機構、企業組織及研究公司也有屬於自己的圖書館，當然某些機構的圖書館允許外界人士使用。圖書館中的導讀人員是使用不同資料的最佳嚮導。這些人員受過如何尋找資料的特別訓練，所以能對不同的研究目的提供不同的資料來源服務。許多機關組織設有資訊服務部門及負責人員，主要就是協助尋找可用的資訊來源。公用或商業圖書館藉著設立資訊熱線，協助解決顧客的特別需要。事實上，大部份的圖書館都能滿足使

用者對不同資訊的需求，而且接受建議並改善服務品質。

　　大學與公用圖書館不只是搜集學術性文獻，而且還保存不少有關政府機構、企業組織、商業團體、專業組織，以及其它相關機構的資料。某些資訊比較一般性，如政府普查資料，而比較具有特性者，如商業期刊中的飲食世界（Beverage World）或新穎的雜貨商店（Progressive Grocer）。找尋次級資料首先要了解如何使用相關的指南及索引。這些索引能夠提供相關次級資料文獻的出處。表 1.1 展示一般較為常用的次級資料指南及目錄。而表 1.2 提供比較專門之學術性次級資料文獻指南。這些次級資料指南及目錄，是到圖書館尋找資訊重要的第一步。事實上，圖書館並非儲存次級資料的唯一地方。其它的次級資料來源還包括下列：

1.　**專家及權威：**研究一個議題之前，應先了解誰是這方面的專家，或者誰曾經參與相關領域的研究。例如：一位研究者耗盡精力尋找有關獸醫醫療文獻仍無所獲，最後透過一位專家的協助，致電一所獸醫學校，便獲得他所需要的相關資料。該資料內容其實非常簡單（一隻貓一天需要多少食物），但是這個訊息對於開發新的寵物食品市場十分重要。

　　商業及專業協會、商業立法團體、行政人員，以及研究人員都是資訊的重要來源。許多有價值的資訊是結合不同尋找經驗所得。經由經驗分類得來的資料，往往是某些領域唯一的資訊來源。和專家通一次電話，有時候也可以獲得部份所需的資訊。而這些專家的意見也是資訊唯一的來源。在這

種狀況下，顯然應該謹慎地評估專家的資訊，而且將其意見與事實作比較，當然這並非容易完成的任務，特別是探討充滿價值觀念的相關議題。一個有效的評估方式就是詢問該專家：為什麼你認為這些資料十分重要？

2. 資料檔案與記錄：幾乎每一個團體組織都會建立資料庫，就如正常業務運作的一部份。如信件、備忘錄、買賣契約、訂貨單、服務訂單、顧客記錄、會計記錄等等，都可能是相當有價值的資料。這些資料通常都可以輕易取得，當然有時候並不容易。無論如何，在應用類似的資料時，都必須藉著不同的方式重新再處理及分析資料，這些是在運用組織團體資料檔案的必要行事。

表 1.1
次級資料資源總覽
(General Directories and Guides to Secondary Source Material)

American Statistics Index （ASI）美國政府統計出版品之導覽，包括地理、經濟、人口等類別，每年出刊一次，自 1973 年至今。

Applied Sciences and Technology Index
325 種以上的期刊，類別包括了航太科技、自動化產業、化學、電腦科技、能源、工程、防火、食品加工業、地質學、機械、數學、冶金、海洋學、石油天然氣、物理學、塑膠業、太空科技、織品、運輸等季刊或年刊。

Bibliographic Guide to Business and Economics
依照作者、標題、書籍之主題分類之專題報告及研討會論文集，分類包括商業、經濟、財務、勞工等相關領域，自 1975 年至今。

Business Index
包含了超過 830 種商業期刊與報紙的索引，自 1979 年至今。

Business Information : A guide for Librarians, Students, and Researchers
此書包含兩部分，第一部分與商業資訊有關；第二部分則主要收錄與商業原則有關的資料，於 1988 年出版。

Business Information : How to Find it, How to Use it
強調研究技巧及商業基本觀念與資訊，出版於 1987 年。

Business Information Sources
羅列並對大量書籍、期刊、文獻、資料庫及其他資料作注釋。分為兩部分，第一部份是基本商業資訊參考；第二部分則著重特殊管理技巧與商業原則，出版於 1985 年。

Business Periodicals Index
從 345 種商業期刊中選取文章並加以註解。其中亦包括書評及索引，以唯讀光碟資料庫型式備用，年費\$1,495，自 1959 年至今。

Business Reference Sources
為哈佛商學院學生設計，包括重要書目與摘要、導覽及財經資源。

Directories in Print
全世界所發行之 14,000 種以上之刊物的導覽，包括商業與工業、專業與

科學名單、娛樂、創作、文化、非營利產品等。正式名稱為 Directory of Directories ，1991 年出第八版。

Encyclopedia of Associations

記載超過 22,000 種的協會、組織、社團及其他非營利團體之資料，1991 年出第二十五版。

Encyclopedia of Business Information Sources

記載了 1,000 類重要的商業主題，1988 年出第七版。

Encyclopedia of Geographic Information Sources

有關城鄉商業組織、城市導覽等資訊，1986 年刊出美國版，1988 年出版國際版。

Marketing Information : A Professional Reference Guide

協會與組織導覽，1987 年出版。

Monthly Catalog of U.S. Government Publications

美國政府出版品目錄，自 1895 至今。

Public Affairs Information Service Bulletin

書、冊、政府文獻、期刊等類之雙周刊索引。

Readers' Guide to Periodical Literature

200 種以上美國出版品，按作者及主題分類的導覽，自 1900 年至今。

Standard Periodical Directory

美加地區超過 75,000 種期刊介紹，1991 年出版第十四版。

Statistical Reference Index （SRI）

政府部門與私人機關之統計出版品導覽，自 1980 年至今。

Statistics Sources

美國及國際之工商、社會、教育、財經資料總覽，1989 年出版。

Ulrich's International Business Directory

全世界超過 116,000 種的出版品導覽，自 1932 年至今。

表 1.2
學術文獻資料庫導覽（Guides to Academic Literature）

America : History and Life
為包含以下三部份的索引書目：(a) 文章摘要及引文；(b) 書評目錄；
(c) 歷史書目總覽。內容為族裔研究、民間故事、歷史故事、政府政
策及都市研究相關議題。

Business Ethics and Responsibility : An Information Source book
蒐集載於書籍或期刊有關商業倫理的文章，參考書目超過 1,000 類。

Communication Abstracts
與傳播有關之重要文章、書籍、專論等之摘要，每季以索引型式出刊一
次。

Current Index to Journals in Education （CIJE）
該索引涵蓋了將近 800 種教育相關期刊的文章，每月出刊。

Dissertation Abstracts International
包含兩大冊：(a) 有關人文科學及社會科學；(b) 科學及工程學，內容
包括了全美甚至全世界超過 350 個研究機構的博士論文，可查詢的分類
項包括標題、關鍵字及作者名稱等等，自 1952 年起，每月發行一次。

Education Index
包括超過 350 種教育出版品、年鑑及專論等索引，可供查詢的分類項目
包括主題及作者名稱，每季增編一次。

Engineering Index Monthly
工程相關文獻總覽（可線上查閱）。

Historical Abstracts
包含兩大部分，20 世紀摘要及當代歷史摘要，歷史性期刊及國際期刊
之摘要及索引備查（可線上查閱）。

Human Resources Abstracts
由 Sage 出版公司所出版的摘要性期刊，包含人力資源及社會問題之解決
對策等議題。

Index Medicus
摘錄超過 2,600 種世界性生物醫學期刊之文章及參考書目，可供查詢的

分類項目包括主題及作者名稱。

Index to Health Information

爲政府、國際或私人健康機構所出版的健康性議題刊物之導覽。

Index to Legal Periodicals

與司法體系有關的文章導覽，涵蓋 475 種刊物，可供查詢之分類項目包括主題及作者名稱，每年增編，每季出版一次。

Management Contents

涵蓋約 350 類商業及管理相關期刊及出版品，其中包括會議紀錄。

Market Research Abstracts

有關行銷的世界性期刊摘要，自 1963 年起，每半年出刊一次。

Mental Health Abstracts

心理健康相關刊物的摘要，涵蓋超過 41 個國家，15,000 類期刊。

Personnel Management Abstracts

包含人事管理相關之選錄文章或書籍的摘要，可供查詢的分類項目包括作者、文章標題及主題。

Population Bibliography

期刊、技術報告、政府報告及其他人口統計學相關刊物之索引。

Psychological Abstracts

超過 1,200 期刊及 2,000 本心理學書籍的文章及摘要（可供線上查詢）。

Sage Public Administration Abstracts

公共管理相關出版品索引，其中亦包括論文摘要。

Science Citation Index

與 SSCI （詳見下述）類似，其中有些資料相容，但主要內容爲自然科學，涵蓋約全世界 90% 的主要科技文獻。

Social Science Citation Index （SSCI）

收錄全世界超過 1,200 種的社會及行爲科學期刊索引，並選錄 2,800 種有關自然科學及生化科技等內容的期刊文章，可供查詢的分類項目包括作者、主題及出處。

Social Science Index

超過 300 種社會及行爲科學、法律、醫藥等期刊文章索引，分類項目包括主題及作者。

Sociological Abstracts

涵蓋社會學領域中 33 類主要議題的相關文章與摘要，其中囊括了超過
1,500 種的期刊。
United States Political Science Documents
涵蓋美國主要之 175 種政治科學期刊摘要。
Work Related Abstracts
涵蓋勞工關係、人事管理及組織行為的論文、文章及書籍之索引。

---

3. 商業資訊服務：許多大公司的主要服務是搜集並販
售商業資訊。這些資料可能以摘要的形式呈現，也
可能是原始數據。我們可以取得這些資料的書面報
告，也可以透過電腦網路加以使用。這些內涵商業
價值的資料，並不像藏於圖書館中的資料那般容易
取得，至於有那些機構會提供類似的服務，將在本
書稍後詳細介紹。雖然這些資料的取得都需付費，
但通常並不昂貴。更重要的是，這些資料比個人所
搜集的類似資料更具實用性。

4. 唯讀光碟片：為了達到使用資料的時效性，可在家
中的個人電腦獲取資訊。唯讀光碟片技術藉著單一
磁片——類似音樂 CD 片，提供個人電腦使用者大
約 680 兆位元記憶空間（相當於 300 頁紙），以唯讀
光碟片的形式處理資料非常快速且方便，而且使用
者只需負擔年費或一次使用費，便可無限次地使用
資料，這些技術將在稍後的章節再作深入的討論。
事實上，現在許多不同的資料都可由唯讀光碟片獲
得，包括上述提及的資料索引、資源，以及參考資

料等。

　許多研究人員都以惶恐的態度處理次級資料研究。當他們真正了解到次級資料的價值時，圖書館便成為主要獲得資料的地方。而某些專業領域的專家會感到困窘，因為他們常成為諮詢的對象。但是要再次強調，當研究者熟知如何取得次級資料時，圖書館便會成為他們重要的資料來源。同樣地，除了解如何操控電腦及連線軟體外，研究者可能需要學習專門的指令以獲取電子報告或資料。

　次級資料對社會科學家而言十分重要，可是次級資料對於應用研究者比基礎研究者更有價值。基礎研究的主要目的在於建立新的知識，以填補現存科學知識的不足及空隙。而次級資料提供研究的出發點，這是基礎研究所不能的。相反地，實務研究者通常應用既存的資料去尋找特定問題的答案。對於應用研究者而言，當現存的資料無法回答研究問題時，才需要執行原始資料的搜集。因此，在社會科學家的應用研究工作上，熟悉如何應用次級資料，是獲得成功研究的先決條件。(參見 Hedrick,Bickman, and Roj, 1992，有更詳盡的討論)。

摘要

　　資訊是計劃及決策過程十分重要的參考依據。科學研究人員、商業決策者，以及社會政策的制訂者都需要熟悉如何取得及使用現存資料的技術。一個龐大的資料庫具有相當的價值。而指南、目錄及其它參考資源都可以應用於尋找適合的次級資訊。電腦的應用使次級資料的運用變得更為便利，特別是唯讀光碟片技術的發展。由於次級資料的應用為研究者提供時效及經濟的研究開端，所以很難找到恰當的理由拒絕使用之。事實上，應用次級資料可能是許多不同研究目的的共同要求。

表 1.3
出版刊物資源（Published Sources）：起步的方法（How to Get Started）

第一步驟　首先確認你想知道的知識範圍，並衡量目前對該特定主題的了解層次。其中可能包括相關事件的性質、研究者姓名、或與主題有關的機關單位、重要的論文，與目前能掌握的出版品，以及其他任何可能獲取資訊的途徑。

第二步驟　列出關鍵字及主要研究學者的姓名，如此便能獲得進入次級資料寶庫之鑰。除非你已經非常了解該研究主題的範圍，否則應盡量列出最多、範圍最普遍的關鍵字與學者姓名。

第三步驟　至此，你已準備好使用圖書館了！研究資料的搜尋，可從表1.1 與表 1.2 所列的各種索引與導覽開始。如果你已知道特定的論文或作者，則可從「社會科學資料庫索引」（Social Science Citation Index），或「社會學資料庫索引」（Social Citation Index）起步，並且以相同的作

者作爲關鍵字找出相關的論文，或從該論文的參考書目中找到相關文獻。在此一階段，尚不必展開地毯式的搜尋，只要利用三到四個一般性的索引工具，密切注意相關領域前兩三年的作品即可。而某些導覽或索引，則可作爲找出專業關鍵字的參考依據。此類索引，通常都具備專業的辭典功能，進行搜尋時，必須鍵入與辭典儲存相同的關鍵字才能找到所需的資訊。

第四步驟　進一步整理你所找到的文獻，是否與你的需求有關？也許你會因爲找到的資料太過豐富，而被大量的資料淹沒；也許你所搜尋的根本不適用。因此你就有必要重新整理先前使用過的關鍵字與作者名字。

第五步驟　繼續在圖書館進行資料搜尋。將搜尋的年代往前推幾年，也到不同的資料庫進行搜尋。重新評估你的發現。

第六步驟　此時你應該很清楚所尋找之資訊的特質，以及有關該議題的來龍去脈，並且也能更有效地使用更多的專業資源。

第七步驟　不管是向圖館參考諮詢服務人員尋求幫助，或考慮以電腦輔助系統進行搜尋，圖館人員都可以提供搜尋的協助。但是你仍須列出詳細的關鍵字。也許某些圖館人員會建議由其自行列出關鍵字進行搜尋，但你仍須確認其所列的關鍵字是否完整。這樣，圖館人員才能使用更專業之搜尋資源方式的建議。注意，除非你能明確地提供所需要的資訊，否則圖館人員所能提供的幫助將會非常有限。

第八步驟　如果你無法找到相關資訊，或者你所研究的主題非常專業，則可以參考「總導覽」（Directory of Directories）、「資訊搜尋導覽」（Directory Information Guide）、「美國資訊總覽」（Guide to American Directories）、「統計數據資源」（Statistics Sources）、「統計參考索引」（Statistical Reference Index）、「美國統計索引」（American Statistics Index）、「圖像資料庫百科」（Encyclopedia of Geographic Information Sources），或本書提及的其他類似之資料庫索引。然而，這些搜尋工作仍止於一般化的程度。因爲搜尋資料的起步階段，是需要較爲初階而有效的瀏覽，然後再進階至更專業的層次。

第九步驟　若你不滿意找到的資訊，或圖館人員並未能有效地解決所遇到的問題，那麼就應該尋求專業權威人士的幫忙。也就是尋求某些專業

人員，或專業機構的協助，例如類似「人物大辭典」（Who's Who）等的出版品，「顧問組織導覽」（Consultants and Consulting Organizations Directory）、「協會機構百科」（Encyclopedia of Associations）、「美國工業研究室索引」（Industrial Research Laboratories in the United States）或「研究中心導覽」（Research Centers Directory）等資訊可以幫助你找到所需的資料庫，別忘了諮詢大學裡的教授、政府官員或企業主管，這些人員通常會很樂意提供協助。

第十步驟 一旦你決定了想要諮詢的資訊範圍時，你就可以進一步確認該項資料是否可以在附近的圖書館找到，若不然，則可要求圖館人員代你申請館際合作，自其他圖館申請借閱。基本上，各圖書館之間皆可透過網路聯繫，並提供其他圖館讀者申請借閱該館館藏的服務。當讀者有需要時，大多數的圖書館皆可提供此項服務，等待的時間通常約一至二週。除非是非常專業或非常罕見的刊物，需要特別長的時間調閱，但大多數出版品，則只須一二週即可。若你想購買特殊的期刊，則可參閱「國際期刊導覽」（Ulrich's International Periodicals Directory），「不定期期刊年刊導覽：國際版」（Irregular Serials and Annuals: An International Directory）或「書籍出版特報」（Books in Print）等，以確認你所需要的刊物是否已出版，以及可在何處購得。通常，地方性的書店都會將書商的資訊電腦化，或以微縮片儲存，因此可以就很快找到你所需購買的書籍資料。

第十一步驟 即使在非常仔細且地毯式的搜尋資料之後，仍可能因某專業人士的意見，而意外地發現許多尚未觸及的搜尋管道。因此，尋求專業知識或資訊的過程，基本上是不斷嘗試與不斷修正的過程。您可能從大學系所、政府機關或其他相關組織的專業人員開始找尋你所需的資料，而圖館參考諮詢員，也許可以提供更合適的專業人士名單。所以在你找到適當的專家之前，難免需要聯絡一些專業人員直到找到合適者為止。

2

次級資料庫之評估

　　從不同的次級資料庫所蒐集的資訊可能會有不同程度
的信度與效度。因此,蒐集資料後必需仔細評估,或按照可
靠性與時效性之不同水準,作加權平均的轉換。當您進行資
料評估時,必須掌握以下六大問題:(1)研究目的是什麼?
(2)誰是資料蒐集者?(3)實際搜尋到的資料是什麼?(4)
蒐集資料的時間為何?(5)資料是透過何種管道取得的?
(6)所取得的資料與其他資料是否一致?

　　經常使用次級資料的研究者,對於他人所提供的資訊通
常會有一定程度的懷疑。因為,若未仔細地評估所搜尋的資
料,就很可能會產生誤導。通常,蒐集資訊是為了特定目的
而進行的,而研究目的的不同,也會左右研究結論、資料訊
蒐集的程序,以及名詞解釋與分類的方法,甚至影響資料本
身的品質。此外,儘管某些資料看起來有關聯,但並非所有

的次級資料都吻合研究目的。或許某類資訊可能與所需要的雷同，但其可能是以不同的測量方法分析相同的議題；或者議題類似，但不盡相同；或者根本就無法找到與研究目的類似的資料。

　　舉例來說，個案 Tambrands v.s. the Warner-Lambert Company 是驗孕試紙 EPT Plus 的兩家製造商。根據一項研究結果顯示，Warner-Lambert 公司在所刊登的廣告中，強調 10 分鐘即可獲知驗孕結果。Tambrands 是 Warner-Lambert 的競爭對手，Tambrands 指控此項說法太過誇張，以法律行動質疑其研究結果的有效性。Warner-Lambert 公司反駁：此研究結果乃是以 19 名婦女，經由驗孕試紙，在 10 分鐘之內驗知 10 人有孕，其比例佔 52.6％。但是其中 2 名婦女在 30 分鐘內才得知結果，而其他 7 位有孕婦女的驗孕結果是無孕反應。Warner-Lambert 公司聲稱，其廣告詞之所以採用此說法，乃是根據研究結果中，「壓倒性的多數」皆於 10 分鐘內得知驗孕結果而提出的。即使是在懷孕的第一天，也可以驗出反應，但 Tambrands 公司則採取反向操作，以檢驗其取得資訊的方式及其研究結論是否客觀作考量。

　　第一個問題是，這 19 名的婦女是由辛辛那提州的一個婦產科診所抽樣得來的，因此樣本不具代表性。第二個問題是，以 52.6％的比率作為「壓倒性的多數」的說法，未達統計上的顯著水準（t=.23, p<.95）。事實上若要以 50％ 的比率達到統計上的顯著水準，必須有 1,400 名左右的有孕婦女接受測驗。然而，法院雖認知到 Warner-Lambert 的研究報告存在效度不足的問題，也以「此研究結果與被告之說法不符」

作爲判決結論,但若其研究結果比較支持 Warner-Lambert 的說法,則研究結果的效度問題勢必受到法庭的忽視,而影響判決結果。由此個案我們知道:對於他人所提出的研究結果,必須像 Tambrands 公司一樣,時時刻刻對其資料蒐集與推論的方式保持質疑。任何資料在作爲研究之用前,皆需先經過適當評估方可採用,特別是使用次級資料分析時,更應小心。

評估次級資料的流程應比照原始資料。但是,使用次級資料的研究者,的確比後者佔優勢,因爲次級資料已經以某種特定的型式存在,在實際使用資料之前,就可完成資料適用性及資料品質的評估工作,且評估與認定的過程可以按部就班地進行。但是研究者的通病,常常是在十萬火急的情形下,還來不及對資料進行評估之前就使用資料。此舉喪失了尋求更合適資訊的機會。事實上,對使用次級資料的研究者來說,及早確認資料的可用性,並且盡可能在研究真正開始前找到最合適的資料,才是重要的步驟。

如上述所提及,有關資料來源、測量方法、蒐集資料的時點、分析與結論的客觀性等問題,是研究者時常需要面對的。本文將其概分爲以下六大類:

1. 研究目的是什麼?蒐集資料的原因又是什麼?
2. 誰負責蒐集資料?研究成果呈現時,必須具備什麼條件?擁有什麼資源?以及可能的偏誤有哪些?
3. 實際蒐集到的資料爲何?研究單位及關鍵詞如何定義?如何應用測量方法?資料的完整性有多高?當

使用不同變項時，是否會產生誤差？

4. 蒐集資料的時間爲何？資料是否具有時效性，事件發生時是否已經過時？資料蒐集當時，是否剛好發生特定事件，而因此產生特定的結果？

5. 資料是透過何種管道取得的？其方法論的背景爲何？

6. 經由某種資源所取得的資料，與其他資源所取得的資料是否一致？

研究者若不了解上述各問題，遑論評估資料之可能？當上述問題之解答無法獲得時，研究者應提高警覺並保持存疑。關於上述問題的重要性，詳如下述：

研究目的

資料的蒐集很少是沒有目的的！而研究目的通常影響研究發現甚鉅。若如上述個案所指陳，研究是爲特定團體或機關的利益而蒐集資料，則特別需要存疑。通常資料分析時，所使用的分類型態、精準程度及研究方法等，都直接受研究目的所左右。

試想以下狀況：若 Loews Theater（Triumph 煙草製造商）欲比較其與 Winston Lights 公司兩者的品牌等級，而設計一個含四大問題的消費者問卷調查，其中兩個問題主要測量

「偏好」與「口味佳」的等級，針對此問項 Triumph 略勝一籌。準此，若是以「品嚐次數」與「品質滿意水準」作為量表的依據，則明顯與研究問項的目的不吻合。儘管如此，Loews 公司仍選擇前兩項問項較為有利的結果，作為廣告詞，刻意忽略其他的問項結果。此時，引起了 Winston Lights 公司製造商 R.J.Reynolds ，對 Loews 提出指控。法院判決 R.J Reynolds 勝訴。因為 Triumph 公司並未聲明其廣告內容乃「只限於與品質有關之前兩項問項所作的調查結果」。此外也因為該公司「在廣告誤導民眾的情況下，並未提出有關品嚐口味的研究證據」，而使得指控成立。

　　因此，研究者在評估次級資料時，必須時刻謹記研究目的。是否已在研究進行前，即設定好有利的結論。並且是否對事先採取有利於結論之研究方法等環節保持警覺。

　　即使研究資料的蒐集，並不是為了廣告或維護特定利益而為，研究目的也可能會扭曲資料本身所呈現的意義。舉例來說，測量全美的物價指數中，最為人所知的就是消費者物價指數(CPI)，主要由「美國勞工統計局」負責統計編製（U.S. Bureau of Labor Statistics），此乃根據 400 種的消費商品計算。而每一項商品的物價在計入指數之前，需調查該年度之基準工資，再計入支付每項商品的平均物價。準此，此指數可代表四人之都會家庭單位（一位年屆 38 的父親，一位家庭主婦，一位 13 歲的青少年，和一位 8 歲的小女孩）的平均生活水準。然而，此指數卻不能代表大多數家庭的消費支出，因此，此指數可表示約略的購買力水準。但對於精確度要求較高的數據，或需要了解消費支出型態等問題，便無法

提供答案。

誰負責蒐集資料？

　　來自某些單位的資料可信度較高。資料庫可信度的誤差，不僅可能發生在作業過程中，對資料來源或資料品質，甚至是蒐集資料的能力等方面都可能產生影響。有些特別重視製作資料庫聲譽的機關，對於製作資料庫的品管特別謹慎；有些則是惡名昭彰，導致品質良莠不齊的資料庫。一般來說，高度整合性的資料庫，會清楚地交代資料取得的過程，使研究者可以充分掌握資料庫的使用分際。若欲得知不同製作資料庫單位的製作品質，必須先調查其取得資料之方法是否得當，或透過曾使用過某資料製作單位的團體或個人的風評，也可以略知一二，甚至可以透過了解其對取得資料的專業人員之訓練歷程，而予以判別。

　　對於資助或督導研究的單位，是否耽於特定利益而進行研究，也是頗值得小心注意的議題。舉例來說，一個為了特定利益而進行研究的組織，可能會特別強調對其有利的研究結果，也就是所謂「策略性研究」（advocacy research）。這種情形其實普遍存在於工業界。此類研究本來就不在乎其嚴謹性，而只在乎研究是否可以令組織達到合乎利益的目的！雖然此類研究對於提供探索未知領域也有貢獻，但在詮釋資料時應特別地小心謹慎。

實際搜尋到的資訊？

在五〇年代初期，一個屬美國國會管轄之委員會，曾公佈了美國每年從賭場稅收的估計值，其 20 兆美元之數字其實是隨意公佈且沒有根據的。一位委員會的委員發言說：「我們根本就無法得知確實的消費金額，加州犯罪委員會（California Crime Commission）的數據是 14 兆；Virgil Peterson of Chicago 的數據是 30 兆，20 兆只是取兩者的概略平均值！」（Singer, 1971, p.410）這就是未經研究證實而公開紀錄的實例。該委員會根本沒有蒐集任何可靠的資料，只是將代表不同言論的數據，平均一下罷了！就如 Singer (1971)所形容的「神秘數字」之行為相同的情形，事實上比我們想像的還要普遍。也許這類猜謎式的神秘數字遊戲的案例過於極端，但卻突顯了解資料取得過程的重要性。

再想想以下廣告詞：「媽媽們都說，X 牌的尿布，可比 Y 牌多吸收 17.5%的液體！」第一個值得質疑之處，是可能沒有任何一個媽媽會說類似的話。最可能的情況，是由 X 公司所進行的行銷研究而得到的結果。第二個疑點是，不論計算吸收力百分比的過程多麼精準，此數據也是抽樣自少部分的媽媽。因此，應時時刻刻謹記抽樣所可能產生的誤差。因為誤差有時候可能會在抽樣過程中未經控制，而使結果偏離甚多。第三點則是，此廣告詞的主角只限於母親，眾所週知，身為現今社會的父親，多多少少都有幫忙換尿布的經驗，他們的看法如何，難道不應列入考量嗎？

將上述幾項可疑之處予以考量之後發現，進一步澄清廣告詞背後的真實涵義是必要的，特別是如果 Y 牌的吸收量是 1 盎司，那麼多 0.175 盎司的 X 牌，到底有多大的幫助呢？由此，可知 17.5% 的數據是非常值得打個大問號的！

　　蒐集資料時的情境，也可能會影響結果。試想，若有一個了解消費者偏好的研究發現，60% 的消費者偏好使用 A 牌。這是令人又驚又羨的數字。但是很可能在進一步了解後發現，該研究並未在問卷上列出其主要競爭對手 B 牌與 C 牌的選項供消費者選擇。因此該研究的可信度可見一斑。

　　此外，許多研究者想要測量的項目並不能直接觀察，只好以可直接觀察，且與想測量之項目有關的替代測量項目取代，並取其估計值。而處理假設命題最難的部分，即在於處理不可直接觀察的項目與可觀察之測量項之間的關係。即使假設命題是正確的，兩者之間的差距也會使研究有所缺陷。以某企業教育訓練課程的實施成效研究為例，教育成效是非常難以測量的變項。因為教育訓練的過程中，有各種不同的影響因素介入，且可以予以測量的角度和觀點也各異。一種可能的方式是以教育訓練之後的年收益來衡量；另一種可能的方式則是以企業組織內部績效提升的速度，以及三年內薪水增加的速度予以衡量；或者以主管人員在職六個月之後的成效來評定，上述的每一種方式與受訓後的工作成效皆有某種程度的相關。但是，所採取的替代方式不同而產生不同的關聯性，可能會使研究結果有很大的出入。然而，值得注意的是，若要探究研究發現之不同時，應以實際蒐集的資料為準，而不應受資料詮釋後的影響。若能掌握資料蒐集的過

程，對於解讀研究結果之間的衝突是很有幫助的。例如，某行為的自陳報告資料，與由觀察者觀察同一行為相較，其角度和切入點必有所差異（Fiske, 1971）。

即使是可直接觀察的變項，定義資料與分類方式的不同仍可能造成詮釋資料時的混淆。由於歸類與分類的方式可能差異頗大，因此，審視研究目的與資料之間的相關性及真實意義，永遠是詮釋資料時所應該注意的。舉例來說，所謂「家庭」的定義是什麼？如果一個單身，自給自足生活的人，是否可以稱做一個家庭呢？未婚而同居的人，是否構成一個家庭？對於另一些研究來說，答案可能可以是肯定的，對於某些研究來說則否。Wasson and Shreve（1976）的研究即提出了一個因分類不當而產生問題的例子。多年來，鋼鐵工業素以銷售之噸數作為銷售業績的標準。然而，此標準使得業界忽略了銷售給紙業與鋁業的量雖然低，但利潤卻比較高。因此只有當業界認知到，在其分類系統中，必須將使用者和市場兩者的觀念予以區隔，才有助於掌握市場的實際動態。

依研究性質的不同而有不同之地理區域、所得水準與年齡區隔等不同分類的情況，事實上是很普遍的。然而，要對測量概念下一個可接受的定義通常並不容易。因此，對於研究進行過程中資料取得的方式，便要特別小心謹慎。準此，面對不同研究間不一致的結果，通常需要進一步確認各研究對操作性定義的差異，這比解釋研究結果所指陳的現象差異更為重要。當然，研究結果不一致的問題，同時也阻礙了不同研究間後設分析的進行，以及概括推論的效應。

另一方面，同樣的資料庫，可能也會產生不同之資料應

用便利性與適切性。例如：某一項使用心理醫療資源的研究之主要目的，在於建構一套讓保險公司或政府部門能更有效進行補償退款事宜的方式。那麼，由於有關使用醫療資源期間長短的資訊，會直接影響研究結果，對於該研究而言，是非常有效而重要的資訊。但其他的資料庫，或許對此研究而言就不一定適用。例如：有關退出醫療資源使用情形的資料，因為這類資料從未經過確認而顯得特別貧乏。因此，其對此研究的重要性便銳減了。在此例中給我們的啟示是，某項資料庫對於某特定目的而言或許非常有用，但並不表示其對另一個不同研究目的的研究也一樣有用！資料本身並無好壞之分，只是因不同的研究目的而有不同的效果罷了！而同樣的情況也可能發生在使用同一資料庫，卻用不同變項分析的情況。

蒐集資訊的時間

一項對於長途電話價格認知的研究，發現消費者對於價格調整的敏感度極高，即使是非常微幅的調整，也逃不過消費者的眼睛。研究結果的指陳或許讓我們有一種消費者對於價格變動非常敏感的感覺，但是，進一步了解後發現，此研究的進行恰巧是在一段民眾處於對電話價格費率過高不滿的時期，而使得價格問題廣受爭議，當時一位非常知名的政治人物也牽涉在此事件中。因此，如果此研究所進行的時

間，恰不是在這段時期之中，可能會得到非常不同的結果。

時間的考量是評估資料庫時的一大要件。如上所述，蒐集資料當時所發生的事件足以影響研究結論。此外，不同的時效也可能影響所要測量變項的定義。舉例來說，銷售行為的時效應為何？例如，此銷售行為是否在下單時即予生效？還是訂單送達之時即生效？或者是貨物送達時才生效？貨物一旦送出，或帳單送達時生效？或付款時生效？還是帳款金額入帳時即生效呢？不同的會計系統，對於不同時效點的定義不同，所需的資訊也因此不同。因此，測量變項會因不同時點的改變而改變研究結果。

隨著時間的經過，也會導致測量工具的差異。以 Wasson 與 Shreve 1976 年的研究為例，評定偷竊行為情節重大與否的標準，在過去是為 50 美金，現在則為 100 美金。而在 1910 年時代，50 美金相當於 2 個月的工資，今天則可能連一天的工資都不到。因此，很可能會發生犯罪行為比率降低，但卻在數據上顯現出犯罪率增高的假象。

隨著時間的經過，某些資料可能也因此必須作廢。比如說，60 年代的失業率數據，對於 90 年代的經濟政策就沒有任何助益。另外，科技文明的變遷，可能會改變人們的認知，生活型態也可能因此改變。很可能有一天，次級資料分析會變成沒有用處的資料庫，唯一的用途可能只剩下為歷史性的研究需要而已。而資料本身的折舊率則依其資料的型態、研究的目的，以及取得資料的方式等不同而定。以普查資料為例，蒐集資料到出版至少需要兩年的時間。可想而知，其資料的價值必因時間的增加而減少。雖然普查局、地方性企劃

以及商業機構都會定期更新資料，但通常都是以較廣的地區為分類標的進行更新。準此，更突顯了進行地方性之第一手研究的必要性。

綜上所述，資料庫使用者必須知道資料蒐集的時間點。特別是注意到資料蒐集與出版之間的時差。當然，有些資料會隨時間而歷久彌新。例如 1880 年所進行之語言學習的研究，到今天仍有參考的價值。但更多新的研究也提供我們更多新的觀點，而當蒐集越多新的資訊時，舊有結論也會不斷地被修正。如您需要更多有關資訊時效性的資料，請參考 Kelly 與 McGrath 1988 年的相關研究。

資訊是透過何種管道取得的？

若不了解蒐集資料時的方法與背景，是不可能對資料取得進行有效評估的。有關樣本的數量及特質、回收率、實驗過程、是否作過效度測驗、問卷訪談的導語或稿約內容，以及分析資料的方法，都應該在研究中仔細說明，進而保留讀者對於資訊蒐集過程的評論空間。至於為何需要此類資訊的原因，則詳述如下：

例如：某項民意調查發現，80%的受訪者反對進行槍枝管制。但是，若是從「國家來福槍協會」（The National Rifle Association）會員中選樣，則會因為選樣不具代表性，而得到與前述數據相當不同的結果。另外，假設 X 國的道路事

故調查報告顯示出，1990 年肇事件數為 1,280 ，而 1991 年肇事件數為 1,586（增加 23.91%），由此而作出肇事率顯著提高的結論。雖然，此數據看起來支持這項結果。但是，進一步搜尋資料時發現，1990 年到 1991 年機車數目從 1,460,000 到 1,910,000（增加 30.82%）。因此，則每一部經註冊的機車肇事率，從 1990 年的 0.088% 到 1991 年的 0.083% 。準此，進一步蒐集更多更完整的資料，很可能會得到非常不同的結論。

近來，許多定期刊物為讀者印行問卷並回收的策略，越來越風行。其問卷調查的結果也順理成章地發表於刊物中。雖然此類調查也可能成為趣味性十足的閱讀材料，但是對與此結果相關的當事者而言，其結論不見得是很可信的。首先要考慮的是，應如何將某些刊物的讀者群與一般讀者區隔開來。舉例來說，就某個議題而言，Play Boy 的讀者群和 B'nai Brith Messenger 的讀者群可能會有相當不同的反應。欲將某雜誌所得知的某項問卷結果進行普遍性的推論，也可能是有問題的。因為會回覆問卷的受訪者和選擇不予回覆者之間，即可能存在本質上的不同。更何況，對許多機關單位而言，問卷是為了客戶需求而作的。此類調查或許對該機關單位幫助很大，但是可能不適用於非屬該單位的客戶。

抽樣的過程對資料評估的工作來說，是一個相當重要的議題。因為，此過程直接影響研究結果之普遍性推論的可能。而對於回覆者特質以及回收率的了解，也是資料評估工作之一大要件。理所當然地，某一研究之回收率為 80%，一定比另一 5% 回收率的研究可信度更高，而取自某一特定研

究的結論，是否能更廣泛地推論至更大的母群體，便成為一個值得探究的問題。通常，研究者會發現以此研究結果所展現的特質去界定更大的母群體，是一件幾近不可能的任務。

準此，抽樣過程的描述對評估資料的價值是非常必要的。舉例來說，某項針對 Honda Civic 及 Ford Escort 進行駕駛測試的研究顯示：60% 的受試者根據整體性的品質感受，選擇了後者 Ford 。對於 Ford 公司來說，是一樣非常有利的數據。但是，需要進一步質疑的是，此研究樣本是否皆抽自 Detroit 市民，甚至是以 Ford 的員工為樣本才得到的結果！此外，抽樣的問題不只是與抽樣的對象有關而已，也與時間、組織特質、地點及受試情境等項目有關。因此，詳細說明調查過程及抽樣過程，與研究成果同樣重要。（Fowler,1988; Henry,1991）

對於社會科學的研究來說，數據缺失（missing data）是很常遇到的問題。發生的原因很多，但最常碰到的是受訪者不予回覆。向人們索取資料時，研究者通常很難得到所關心問題的全部答案。其中的原因可能是找不到受訪者，也可能是受訪者拒絕合作。即使像普查局這樣專門進行蒐集全體資料的工作單位，也無法 100% 地回收研究樣本的資料。當然，95% 的回收率已經是相當成功的水準，而 5%的回收率則是很失敗的。但如何才會被視為低回收率的標準似乎並不明確。此外，回收率不只是指所觀察現象的表面情形，對於觀察現象背後的變項也需注意。例如，一項研究可能有很高的回收率，但其中某一項目可能有 60% 的回覆者不回答。所以當解釋此項目的涵義時，就必需特別小心。

當評估資料時若能了解不予回覆者之所以不回覆的原因，將會有很大的幫助。若能透過比較回覆者與不予回覆者之不同，了解其不予回覆的原因，是非常明智的。通常很容易獲知兩類受訪者的地理區域差異。而在研究結果中，一併說明該項差異也是必要之務。

　　然而，如上述之抽樣及回收率的考量，卻並非唯一需要載於資料選取過程說明的內容。諸如測量工具、問卷題目、編碼表等資料副本，也是了解資料如何蒐集、蒐集了什麼資料，及使用此資料所可能產生的效度等問題之有效的參考依據。

　　最普遍用來呈現資料趨勢的就是百分比。事實上，許多政府或其他部門的資料，都常使用百分比的表現型式。然而，也許在某些情況下使用百分比既容易又方便，但也很可能因此造成誤導。因為百分比只代表相關性，100 的 10% 和 1,000,000 的 10% 是有很大的區別的。也就是說，當以小數目計算變動率時，比例可能會劇烈變動。就像許多經理人總是不了解，為什麼去年可達 400% 的銷售成長額，今年卻只有 50% 的成長率。其原因可能只是計算百分比的基準提高所造成的。因此，除非研究者能掌握百分比的計算基礎，否則其比例本身的數據並不能代表真實情況。

　　比較不同類別的差異時，常以轉換比例並產生一組指數的方式來進行。產生指數的方法有很多，但皆是對兩比例值的比較而得。例如，假設全國人口中有 20% 擁有個人電腦，全國的工程師中則有 80% 的人擁有電腦，但只有 20% 的建築師擁有電腦。那麼，若需計算依照職業類別擁有電腦的比

例，則需求得各職類擁有率，佔總人口擁有率的比例，以計算指數，例如：

工程師的指數：80%/20% x 100 = 400
建築師的指數：20%/20% x 100 = 100

　　此數據可解釋為，工程師類擁有率，約佔總人口的四倍，而建築師擁有率約與總人口擁有率大致相同。此類計算指數的方法，在進行許多不同族類群比較時很有幫助。但必須注意此指數依舊是兩種測量單位的比例。因此，若出現非常高（或非常低）的指數時，可能表示計算基準過小或過大，必須小心。此外，每一個比值都只是一個估計值，所以指數的誤差係結合兩項百分比的誤差而來，必須考量其誤差所可能造成的偏誤。

　　另一可說明計算基準重要性的例子，則是價格指數的計算。簡化地來看，消費者物價指數係根據以下兩項產品而得，分別是 W 牌的水與 Y 牌的優格，其價格如下：

	1991 年價格	1992 年價格
W 牌	$ 1.50/每瓶	$ 3.00/每瓶
Y 牌	$ 3.00/每六罐裝	$ 1.50/每六罐裝

　　上述資料顯示，W 牌在 1992 年的價格為 1991 年的兩倍；而 Y 牌的價格卻為 1991 年的一半。假設現有兩個研究人員需以上述資料計算物價指數，A 研究人員以 1991 年為

計算基準，其計算結果如下：

	1991 年	1992 年
W 牌 （相對於基準點）	100	200
Y 牌 （相對於基準點）	100	50
總和	200	250
綜合指數	100	125

　　準此，研究者 A 使用上述綜合指數（其值恰等於兩種牌子的算術平均數）指出，物價平均上漲 25% 。此時，研究者 B 則使用 1992 年爲基準，而得出以下結果：

	1991 年	1992 年
W 牌 （相對於基準點）	50	100
Y 牌 200 （相對於基準點）	100	
總和	250	200
綜合指數	125	100

　　研究者 B 根據上述結果得知，平均物價下跌 25% 。令人玩味的是，兩位研究者使用的是完全相同的資料，卻因基準年度不同，而得出完全不同的結果。

　　此時，研究者 C 加入戰局，並表示上述兩者的結果皆非。他表示，若某消費者在任何一年中，買了一瓶 X 牌的

水及六罐裝 Y 牌的優格，他所需支付的成本 4.50 元是相同的。也就是說，對於消費者而言，兩年之間的消費成本並無改變。若依照邏輯推論，則物價上漲、下跌或是持平等說法，都可能是對的，端看研究者如何自圓其說。當然，此處由於所計算的比例是以 W 牌及 Y 牌之不同性質的百分比為基準，而非以相同的產品為基準，也就是說，若是 W 牌增加 100% 後的物價為$1.50，但 Y 牌增加 100% 後的物價則為 $3.00，因此，若需要一個有效的公式，則應分別計算出兩品牌對其相應之基準價格的加權比例。加權後的比例，可視為共同基準（common base）（如，以 1991 年的資料為例），而其綜合指數之平均數值可得如下：

	1991	1992	相對百分比%	加權值	乘積
W 牌	$1.50	$3.00	200	1	200
Y 牌	$3.00	$1.50	50	2	100
			總　和	3	300

　　如上例，平均乘積為 100，同時也是綜合指數的基準數。準此，依照研究者 C 的發現，物價事實上是呈持平未變的。有時候資料轉換的過程本身也是被轉換的對象。也就是說，某一指數的形成，事實上是一種轉換過程的轉換結果。例如，將第一行的各項資料轉換成百分比，則兩百分比的比值即可計算得知。當然，掌握轉換過程及轉換的變項也是一項重要任務。因此，研究者自上述例子中學習到最重要的教訓是，永遠都要對任何使用次級資料庫進行的研究推論保持質

疑。

　　同樣地，任何實驗性或田野研究也應清楚地交代研究過程。舉例來說，對於某項新產品所作的消費者反應調查，則必須要了解消費者是真的使用過該產品，還是只對該產品有一定的印象而已！其背後的涵義截然不同。而對於產品技術能力的報告，也應說明進行測量時的條件與情境。例如由「環境保護協會」（The Environmental Protection Agency）所訂定之汽車里程累計的測量條件，與其他大多數的累計方式就存在著很大的出入。

　　在評估資料過程中另一項重要的部分是測量誤差。即在研究過程中，是否因為某些操作而產生特別的結果，或影響結論的推論性，或使得對於結論的詮釋產生混淆等問題。雖然此類的訊息並不容易掌握，但只要掌握此類訊息，就可以進一步評估資料庫的適用性，如若不然，則持保留態度則是看待這些資料的必備要件。

　　最後，評估資料取得過程之各項細節時，應同時考量資料庫本身的品管。例如，測量工具之信度、效度如何？資料是否完整等。因位有些測量方法仍有許多爭議之處，尚未發展完善，而有些方法則經過長時間發展修正而得，也有些測量方法只能顯現出感興趣議題的某部分資料，因此測量方法也需加以評估。例如，電子掃描器中所包括的資料，可能可以反應某超市的民生用品購買量，但卻可能漏計了平價大賣場或其他場所購買之類似產品的數量。

所取得的資料與其他資料是否一致？

　　當研究者從各種相異且獨立的管道取得相同的資料時，其資料的可信度則相對增加。準此，若需解決如上述之使用次級資料庫所可能產生的各類問題，以及確認資料的困難，最好的策略就是從各種不同的管道蒐集所需的資料。最好的情況是能找到兩種或兩種以上的資料庫，且皆指向同一個研究結果。如若不然，則需進一步檢驗其產生差異的原因，以此而選擇信度效度較高的資料庫。然而，即使相對來說資料已很完整，這項比較資料庫的工作仍非易事。因此，當使用兩資料庫而呈現差異很大的結論，或在資料蒐集過程中產生誤差時，最好的方式還是對所有的資料保持懷疑不輕信的態度爲宜。

解釋數字之注意事項

　　次級資料常以數字型式呈現，數據和文字資料相比，數字是堅實可觸及的「硬式」(hard) 資料。但是數字同時也是極端抽象而沒有直接意義的資料，數字可能只是一堆死的訊息。然而使用次級資料的研究者應習慣於使用數字，且應了解數字所呈現的訊息及資料蒐集的過程應與實質相仿。但是許多次級資料庫，如上述有關指數計算的例子並未有效提供

有關數字的資料。

其他敘述性的統計數據也可會出現問題。但是像平均數，若無輔助性資訊，則平均數本身可以說明的現象就非常有限。一般說來，研究者需要有關樣本或母群體的變異情形，以及個案數作為參考。此類訊息有助於確認是否達到統計上的顯著差異，對於資料的內在型態也可有更多的掌握，並且在其他條件不變下，使用資料時更清楚其使用分際。

舉例來說，假設以下數據表示某公司六大部門 1991 年及 1992 年之盈餘或虧損數據（以銷售額之百分比顯示）：

Division	1991	1992
A	+ 28%	- 2%
B	- 15%	+60%
C	+ 2%	- 5%
D	- 12%	+20%
E	+26%	-14%
F	+19%	-11%
總和	+48%	+48%
平均數	+ 8%	+ 8%

上述資料顯示出，兩年間跨部門之平均盈餘相同的原因有二。第一，各部門所呈報之百分比的增加或減少，乃掩飾了各部門不一而足的銷售量，而需針對各部門的比重不同加以加權平均，因此所產生的盈餘相同。第二，雖然兩年總平均數相同，但各單位在兩年間之盈虧卻產生了巨幅變動。亦

即 1991 年時盈餘的各單位，到 1992 年則為虧損。反之亦然。此例子再度證明了沒有搜尋資料的過程和方法的說明，對次級資料庫使用者會產生更嚴峻的考驗。

摘要

　　資料的蒐集過程並非完全相同。因此，使用次級資料庫時，評估所使用的資料、小心可能的誤差，以及持懷疑的態度是必要的。對於研究結論，也不可因其為實證研究，或者是公開出版刊物而輕信。至於支持研究結論的證據也必須經過謹慎評估，以檢視此結論的真實性。而任何其他有關的研究發現也應併入驗證與考量，因為未包含於該研究中的變因，很可能會產生不同的結果。而這些未包含於研究的變因，必須要靠仔細地檢驗蒐集資料的方式始可得知。另外，當某研究的結果與其他類似研究的結果相同時始可予以採信。最後，使用多重管道的資料庫始可避免被誤導的錯誤。

3

政府部門資訊

第一部分：普查資料

　　由美國政府所進行的 11 種常態性基本普查資料可被各種研究廣泛運用，頗具學術價值。包括家計單位、企業單位、政府單位、運輸業及自然資源相關單位皆可使用。相關主管單位「普查局」（Census Bureau）並體貼地提供了獲取資料時必要的協助與訓練。本章主旨就在於介紹普查資料的性質及其使用之道。

美國政府是世界最大的資訊集散地。其官方資料庫可同時收便於管理與政府管制之效。資料的蒐集工作可依普查或特殊研究需要的不同而定。因此，普查工作最大的優勢在於負責蒐集資料者為聯邦政府，遂不以單一的目標及指引為限。

　　就普查性的資料而言，簡介政府部門資料庫最有力的方式，就屬「普查目錄及指南」（Census Catalog and Guide）了。此刊物由政府出版，羅列了所有普查局的產品：包括了各式報告、電腦檔案、磁片（microcomputer diskettes）、唯讀光碟片、縮影片（microfiche），以及自 1988 年中到 1989 年底間所製作的各式地圖等，同時也包含了其他聯邦政府部門所製作之統計資料蒐尋系統，以及超過 3,000 種資料搜尋的輔助系統，如普查局中常設之 200 位待詢的專門人員及 1,400 個涵蓋各州資料的組織中心等。另外，以政府出版的統計資料為例，「美國統計摘要」（Statistical Abstract of the United States）是內容最為豐富的。此為商業部（Department of Commerce）之出版品，乃直接由美國政府所屬的印刷部負責發行，屬美國政府有關社會、政治、經濟、商業等相關統計資料的有效指標。其他亦可提供政府部門資訊的相關參考資料，請詳見表 3-1。

　　然而，聯邦政府並不是唯一提供資訊的政府單位。州、地方政府、國外政府及國際組織亦建立了相當數量的資料庫，範圍從道路使用的統計資料，到性教育的態度普查，應有盡有。本章後續要討論的，即在於審視各種由普查局及國際組織所建立的資料庫之概況，而第四章則討論其他形式的政府部門資料庫。

表 3-1
介紹聯邦統計資料的出版品

American Statistics Index

為內容豐富的政府統計資料庫簡介。自 1973 年始,每月出刊,資料每年累計一次。內容主要介紹各種政府資料庫與出版品的最新訊息,特經「美國國會資訊服務處」(Congressional Information Service)認可發行。

Census Catalog and Guide(1990) 普查目錄及指南

此目錄羅列全數的普查局資料庫,產品包括了各式報告、電腦檔案、磁片、唯讀光碟片、縮影片(microfiche),以及自 1988 年中到 1989 年底間所製作的各式地圖等,同時也包含了 1990 年普查計畫資料。另外,亦包括了來自其他聯邦政府部門所製作之統計資料蒐尋系統及超過 3,000 種蒐尋輔助系統,就如普查局 200 位待詢的專門人員,及 1,400 個包括各州資料的組織中心,亦一併涵蓋於內。本目錄並在另一稱為「普查資料與你月刊」(Census and You)的指南中,載入每月更新的內容。

Guide to Foreign Trade Statistics

此資料乃涉國際貿易相關統計資料與樣品展示訊息,由普查局定期發行。

Historical Statistics of the United States: Colonial Times to 1970

收納 3,000 種自殖民時代起,美國社會各種不同之政治、經濟、社會相關統計資料,其中歷史性的變項定義被廣泛使用,有利於跨時代性的比較研究。

Statistical Abstract of the United States

屬於一種收納各其他政府資料庫,並介紹相關報告細節之參考依據。其中包含了:重新製作超過 1,000 種表列其他普查局之資料庫細目,同時附有註解及圖書參考書目;提供有關婚姻狀況、健保資料、政府與經濟活動,以及能源耗用等相關列表;以及將重要資訊製成可隨身攜帶之「美國統計資料簡介」(USA Statistics in Brief)的小冊子,以便使用者快速查詢。但鑑於分類系統與定義,隨時間可能產生的變遷,並不便於研究者作跨時性的比較研究。為解決此研究限制,美國普查局另外發行特別的查詢資料。

Statistics Sources (1989)

此乃專為指引使用者使用統計資料而設計,分別提供了政府部門及非政府部門所製作之資料庫,但著重於商業、工業、金融及社會相關用途所需。

普查局

　　論及普查局之設立，可追溯至美國憲法成立之初，由美國國會明文委派辦理。開始時，普查資料非常有限，但隨後便逐漸增加完備。普查所蒐集的資料對於品質要求相當嚴謹，因此可廣泛應用於多重目的。準此，普查資料所涵蓋之廣泛資料，已遠超過美國憲法所指的單一集中搜集計算原則。　表 3-2 所列，爲普查局本身所執行的 11 種資料庫。對於其所製作的資料庫，普查局皆備有詳細說明，若民眾自行付費，也提供唯讀光碟片或磁帶（magnetic tape） 形式保存的資料。舉例來說，1987 年經濟普查(包括了零售業業績、經銷業業績、服務業、製造業、採礦工業、營建業及運輸業等)、農業普查資料即於 1991 年完成唯讀光碟片之製作。此外普查局也提供方便讀者蒐尋可下載表列式資料的電腦軟體。

　　該局所製資料庫之所以享有品質保證的聲譽，其實是反應了局內專業素養與政治壓力運作的結果。一方面，該局聘請高水準之社會科學家執行相關調查。資料的調查訪問，也都由訓練有素的訪員擔任。對於未應答的受訪者，訪員也會進行追蹤以獲取必要的資訊。舉例來說，該局預計於 1990 年的普查中達到 98%的回應率。近年來，由於聯邦政府常以普查資料庫的使用作爲審核州與地方政府預算的標準之一，更使其重要性備增。另一方面，由於州或地方政府，一度認爲普查資料可能會出現計算誤

表 3.2
普查局定期製作的普查報告

Decennial Census of Population
為每十年進行一次人口普查之報告，最近的一次是 1990 年製作的。
Decennial Census of Housing
在進行人口統計資料時，一併蒐集房屋狀況普查資料。
Census of Agriculture
有關美國之全國、州或地方的農業統計資料。
Census of Retail Trade
屬經濟普查的一部份，詳細記載了個體或家計單位消費購買量的統計資料。
Census of Wholesale Trade
亦屬經濟普查的一部份，包括了批發商對零售商，或其他批發商，包括政府部門組織的購買交易量之統計資料。
Census of Selected Service Industries
亦屬經濟普查的一部份，按照地理區域分類，普查資料中最重要及最大的地區中的服務業資料，多達 52 類報告。應稅或免稅產業皆包含其中。報告以產業類別進行分類。
Census of Selected Construction Industries
亦屬經濟普查的一部份，依照所有營建業的資產額及薪資總額進行詳細分析。
Census of Governments
亦屬經濟普查的一部份，包括州、城市、鄉鎮等政府單位的資訊，涵蓋政府部門就業資訊、財務、稅務等事宜。
Census of Manufacturers
亦屬經濟普查的一部份，統計資料包括了資產額、組織型態、消費或運輸的產品、存貨、就業等資料。
Census of Mineral Industries
包括州及九大地理區域的礦產數量、就業、薪資、水電使用量等資料。
Census of Transportation
經濟普查的一部分，包括四個主要部分，分別為商品運輸調查（Commodity Transport Survey）、旅客運輸調查（Passenger Transport Survey）、卡車存貨及使用調查（the Truck Inventory and Use Survey）、巴士及卡車運輸調查（Bus and Truck Carrier Survey）。

差，而自行處理法律訴訟的資料檔案。因顧及此類法律案件舉證所需及社會上普遍的政治壓力，普查局不得不保持高水準的蒐集工作，以維持其資料可信度的立場。

即使該局所建立之資料庫為數可觀，但並非完美無缺，由於資料非常龐大，待編輯、過錄、製表及確認等工作完成時，資料的效度已產生時差，例如，1990 年人口普查資料的結果最快在 1991 年中才能出爐，詳細資料內容甚至要到 1992 年才可完成。事實上，將普查資料製成報告或各種電子形式的資料，花上兩年或兩年以上的時間是非常平常的事。換句話說，資料蒐集與報告結案之間的時差，反應了普查資料庫無法每年執行的事實，通常是每五年或每十年進行一次。某些情況下，甚至可能要花上十二年時間準備。

就像所有的次級資料分析一般，普查資料庫另一個美中不足的地方，是無法即時隨處可得，特別是資料並非一般以客戶為導向的資料分析而專屬於局內特定的表單報告尤然。另外，資料的分類標準不一定符合使用者所需，地理單位的標準也不一定有助於使用者的分析工作。所以，該局提供唯讀光碟片之資料以作為補強。

普查資料之取得

　　普查局為數可觀的資料及各種方便易用的手冊，為使用者提供了極大的幫助，進而緩解了研究者所可能面對的問題。上述之「普查目錄及指南」（Census Catalog and Guide）包含了各式特殊研究與期中估算報告，每年發行一次，但由「普查資料與你月刊」（Census and You）每月更新資料一次，以保持普查局相關計畫、製作、服務的最新訊息，以及與人口統計相關之經濟資料的最新動態。另外，「1990 年特定普查報告手冊」(Index to Selected 1990 Census Reports) 及「1990 年普查報告摘要磁帶」 (Index to 1990 Census Summary Tapes) 也記載了自 1990 年以來，人口普查資料所有的報表、格式、報告變項及資料整合的處理方式。

　　在美國，任何一個主要的都會區及小城市，至少都有一個聯邦政府所屬之文件貯藏室，通常置於大學圖書館或公立圖書館，諸如各式普查報告及上述資料庫與手冊等，皆陳列於該處。某些特定報告也可透過政府印刷部（Government Printing Office）購得，民眾甚至可以利用郵購的方式取得唯讀光碟片上記載的所有政府出版品的細目，包括像 1987 年的經濟農業普查及 1990 年 TIGER/LINE 期終普查檔案等（Postcensus Files）（詳如下述）。此外，尚設有「後續資訊發展服務」（Data Development）的溝通管道，便於讀者隨時掌握上述所有資料庫之最新動態。（唯讀光碟片上所含之最新資料亦不例外。）

1990 年唯讀光碟片普查資料及 TIGER-數位整合之地理編碼參考數據系統簡介 （Topologically Integrated Geographic Coding and Referencing）是 1990 年人口普查資料兩大最主要的發明。 TIGER 的威力賦予使用者製作美國 360 萬平方英哩之數位街道地圖的能力，特別是民眾可以透過 TIGER 系統，逐字地查詢美國任何一個地方，任何一條街道的位置，且不論是以數位或人口統計值變項的型態皆可。

　　雖然 TIGER 原先的設計，乃是普查局為了有效執行 1990 人口普查工作而製作的各街道與住戶詳細地址資料，卻也因此一舉數得而衍生出其他的功能。例如，商業界及其他相關機構皆可利用 TIGER 的地理疆域界定市場區隔的規準，進而使得資源更有效地分配，其中受惠最大的非行銷業者及快遞公司莫屬。行銷業者可以透過 TIGER 將客戶戶籍資料分類作市場區隔，而快遞公司更不用說，可以透過準確的客戶地址更迅速地遞送郵件。

　　當然 TIGER 威力並不僅於此，就如各州重要醫療部門便可利用 TIGER 的資料掌握癌症病患的住址，輔以 1990 年的人口統計資料，計算當年某特定區域的癌症得病比率。而任何一個主要城市也可利用 TIGER 作街道網絡的交通規劃，或評估工業污染。值得一提的是，1989 年加州 Loma Prieta 發生大地震，美國陸軍所屬工程人員並未具備加州北部受災區之地圖資料。因此，緊急通知普查局索取 TIGER 檔案，24 小時之內 TIGER 便被轉譯成另一種型態的數位模式，進而成為震災區域的電腦地圖，此舉使得聯邦政府緊急

救援小組（Federal Emergency Management Agency）能迅速掌握災區損傷情況，並因應救災工作。緊急通知普查局的兩天後，美國陸軍所屬工程人員又藉此資料之便，執行相關田野調查工作。

如同普查局所指：「數位地圖就如全國其他複雜精密的新產品一樣，TIGER 展現了他的神奇之處！」（美國普查局1990 P. 9）。本章表 3.3 羅列了幾種最受歡迎之 TIGER 第五版地圖資料庫，其中包括了 1989 年之原版和預查版，另有1990 年所發行，地毯式搜羅了全美選區資料的原始選票地區分類碼（Initial Voting District Codes – VCD） ，以及 1991年初發行的「後普查資料版本」（Postcensus），不論是人口密集的城市或地廣人稀的鄉村，TIGER 總共廣泛地網羅了一共 3,286 個鄉鎮的地籍資料。

無論是營利或非營利機關單位，都有擴大使用普查資料進行各種計劃的需求。例如，工業與貿易管理部（The Industry and Trade Administration）於 1979 年發行了「市場評估：聯邦及州統計資料庫使用手冊」一書（Measuring Markets: A Guide to the Use of Federal and State Statistical Data），其實用性與可讀性皆相當高，手冊中詳細說明如何應用上述資料，解決民眾所可能碰到的各式問題，此書統整各種普查資料的用途，給予需要這些資料的解決問題者一個很好的方向。也提供了如何到各州找尋參考書目的管道。其中兩組說明附於本章末，其一為有關籌設遊樂園的選點問題，另一則是有關於產品需求的評估計劃。這是活用普查資料的範例，也是實戰手冊。

表 3.3

TIGER 多元面貌

Myth No.1 第一大秘密武器

TIGER 是為一份大地圖，載入電腦備詢即可。

Reality 實戰寶典

TIGER 是一份數位資料，使用者可將其他有關地誌學、地圖或其他資料
軟體與 TIGER 合併使用。

Myth No. 2 第二大秘密武器

TIGER 同時包函了地理及普查資料。

Reality 實戰寶典

TIGER 摘要包括各地理區域的數位資料，涵蓋了政治疆域、代碼、經緯
度數值及都會地區的名稱型態的規劃。

Myth No.3 第三大秘密武器

TIGER 提供了每一棟建築物的地址。

Reality 實戰寶典

根據美國符碼法 13 款，不得將個別的詳細資料，包括地址附於普查報
表上。

Myth No.4 第四大秘密武器

TIGER 為一簡易使用的 CD-ROM 或電腦放映帶。

Reality 實戰寶典

普查前的 TIGER 線上檔案，包含了 125 個高畫質的電腦放映帶，或 38
片唯讀光碟片可供使用。

　　小自一條街道，大至整個國家的普查資料，都可以提供
整合性的應用。通常一個城市的某一街道單位，在人文地理
分布原則中，是由一形成封閉區域的四個小巷所組成，但也
可能包含自然地形，如有某河流經過此區域。準此，某些街
道單位，可被裁定並集結為一個街群集組，某幾個集組再被
集結為普查單位（census tracts）。圖 3-1 解釋了上述不同層

級分析單位之間的關係圖。普查單位通常是以當地社區爲定義之原始範圍，但也可能集結整個鄉鎮、城市，甚至整個州爲單位而定義。

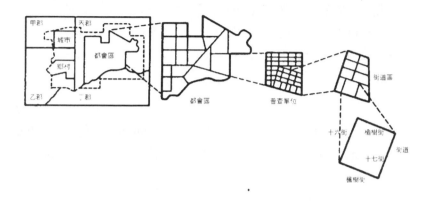

圖 3.1　人口普查的集成層次

　　儘管如此，普查局的資料並非適用於任何層次的整合運用。如資料錄音帶或唯讀光碟片檔案，就必須使用於特定案例或表單，若使用者不想購買資料庫，有些私人企業也提供其他表單或相關軟體的服務。本書第五章將爲此作進一步之介紹。

　　目前唯讀光碟片資料的相關軟體，由位於田納西 Knoxville 之電子資料分析研究所（Institute for Electronic Data Analysis ）負責。舉例來說，SHIP 軟體即提供城市或鄉村中，有關農業人口、鄉鎮所得與就業、或商業性指標等統計資料的服務。軟體使用非常簡單，只要輕鬆地在螢幕上

選單即可，完全不需特殊職訓，也不需要任何有關電腦的經驗。使用者只要從資料庫中選定欲分析的資料欄位及定義域，電腦即可將表單按照使用者所需列出，使用者可以在螢幕上直接瀏覽或列印出來，乃至存檔於磁片皆可。最後亦可將磁片資料轉換成其他統計套裝軟體或延展性表單（spreadsheet）。1990 年的人口普查資料也提供網路線上服務，例如 CENDATA 即為一種可透過 DIALOG ，或其他資訊服務系統 CompuServe 及 GEnie 取得的資料庫。

一種名為「人口地理統計學」（Geodemographics）最新發展出來之分析形式，乃由街道集組（block groups）普查單位（census tracts）及郵遞區號（zip codes）等組合而成。人口統計資料檔中有一資料庫由 Claritas 公司發展出來，名為 PRIZM（Potential Rating Index Zip Markets）－潛力市場排序指標，即由 12 種不同的社會群組分類，並進一步形成組內同質性高，組間卻異質性高之充分互斥且周密的 40 種次分類，故對於廠商區隔目標市場頗有助益。在此必須澄清的是，當進行分類時，必須假設每個人選擇住宅時，心態上有「物以類聚」的偏好。舉例來說，若 40 種次分類其中之一是 50 歲以上，高所得的藍領勞工所群聚之社區。那麼，第二類則可能是育有一個或一個以上子女之高所得家庭之社區。類似用法可能適用於某大學研發工作室的研究所需。另一方面，若以 PRIZM 的分類法與該區畢業生名單交叉比對發現，年紀較長，所得也較高者，所聚集之社區地點。因此，若某大學有意向這群畢業生募款，便可直接迅速地找到他們，節省大學許多的時間和經費。另一可能的用途則以郵遞

區號的分類,迅速將產品保證卡寄發給消費者。

以某些關鍵的普查變項為主軸,並擁有超過百萬項之商業紀錄的 PRIZM 資料庫,也可連結到規模更大的企業資料庫。目前最新的版本 PRIZM + 4 ,是由個別家戶資料為基礎建立的。並且提供了每 12 戶 9 位數之數位(9-DIGIT)郵遞區號之資料,準此,研究者便可以在選擇目標市場客戶時,擁有更大的彈性空間以規劃其行銷策略。讀者若有興趣,有關 PRIZM 的討論可參考一本可讀性和娛樂性都非常高的著作,由 Weiss (1988) 所著,名為「美國之分類架構」(The Clustering of America)。

下一期普查資料出爐前取得資料的方式

正如本章一開始所指出,普查資料可能發生的問題之一,就是完成報告所需的時間大約兩年。因此,研究者取得之資料可能已經過時,而減少研究的有效性,故須強調估計人口資料之重要性。根據學者 Raymondo (1989) 的看法,估計人口資料的方式有下列五種,諸如:普查比率法(censal ration method)、家戶單位法 (housing unit method)、元件法 (二)(component method II)、管理紀錄法 (administrative-records method)、 比 率 相 關 法 (ratio-correlation method)等。詳細情形,分析如下:

普查比率法　Censal Ratio Method

　　此項技術是研究者藉已知的相關替代變項，更新人口變化之數據。可供替代轉換的變項包括了出生率、死亡率、汽機車註冊率與學校註冊人數等。因此，假設某研究者想以汽機車註冊率的增加來估計 1990 年某 A 城市的人口，但只有 1980 年的人口數據 10,000 人。假設增加率為 15% ，則可以此公式估計： 10,000 + (10,000 x 0.15) ，因此該城 1990 年的人口應約為 11,500 人。當然，研究者也可採取一個以上的替代變項來估計。這些替代變項的使用非常廣泛，即使在最簡單的課程中，可能也會要求計算人口變化的平均比率。

　　此方式最大的優點是計算簡易，資料也很容易取得。而最大的缺點則是，計算之準確度會隨原始資料距估計當時之時差而降低。另一方面，此方式也必須在變項與人口數之間有很密切相關的前提之下才可成立。舉例來說，若某地區可能在汽機車註冊率非常穩定的情況下，人口卻成急速成長，此變項便不適用。其可能的原因是——此地人口的增加主要是因為出生率的提高，而非移進此區的人口增加所致。所以，選擇一個適切的替代變項，便成為此估計法是否成功的關鍵。

家戶單位法　Housing Unit Method

　　此方法須使用下列三種不同的元素估計人口數：(a)已入籍之家戶數；(b)每戶平均人數；(c) 特定族群人口數（例如，

居住於療養院、監獄、宿舍等非家戶人口數）。若某研究者將家戶數乘以每戶平均人數加上特定族群人口數，即可得知總人口數。若需估計目前家戶數（housing stock），則可透過建物許可證的發放與損壞報告等之檢驗結果得知。此外，公共能源供給（utility service connection）的使用率也可作為一種估計的方式，至於每戶平均人數，可自前期普查資料加上隨時間增加而改變的訊息得知。與上述方法一樣，這種方式最大的優點是計算簡單而且不必受限於前期資料，而最大的缺點則是估計值的準確度須受限於資料之組成元件是否充分。因此，資料品質的好壞便成為一大關鍵。

元件法（二）、管理紀錄法

此兩種估計方法，是將人口變化分為三大部分：出生率、死亡率及遷移率。因此，目前的人口數即等於前期的人口數加上上述三項變化率。出生和死亡率一樣，可由各鄉鎮或城市資料庫獲知，但遷移率則必須配合其他的參數，而此參數的考量細節也就成為這些方法的主要不同之處。由普查局所發展出的元件法（二），是運用小學之註冊率作為 65 歲以下人口遷移率的指標；而管理紀錄法則運用聯邦退稅金作為指標。至於 65 歲以上之人口數，兩者皆使用醫療紀錄來估計。此兩種方式最大的優點是，其以影響人口改變的個人因素作為計算的元件，所以較為精確。但最大的缺點則為，賦稅相關資料不易取得，而以學校註冊率作為遷移率的考量也可能產生問題。

比率相關法 Ratio-Correlation Method

此方法是應用用多元回歸分析法,以一系列的獨立變項推算出預測人口的公式變項。它包括了出生率、死亡率、學籍註冊率及選民登記資料,公式如下:人口數 (Y) = a + b (X) ,公式中 X 即代表出生率等獨立變項。此式可繼續衍生出多項變數,使公式成為多元回歸式。本方法最大的優點是可藉由多項獨立變項加以預測,而增加預測的彈性。然而,預測值僅限於輸入資料所能解釋的部分,這也成為其最大的缺點。

值得一問的是,上述各方法中,何者為最佳策略呢?事實上,方法的選擇尚在其次,最重要的是,普查局雖然提供上述幾種估計方法,但大多數的企業或學術單位並未具備取得資料的管道,因此也無從進行估計。幸運地是,普查局另提供專載估計值的報告,例如 P-25 and P-26 系列的最新人口數據報告(Current Population Reports),內容包括了最新的人口估計值,以及各種由普查局所進行的普查計劃預告。

工業分類系統標準

普查局發展了一套數字系統,以作為各項經濟活動的分類標準,即為所謂的標準工業分類系統(the Standard Industrial Classification System, SIC),可視為使用普查資料

的入門。所有有關經濟活動之製造業、礦業、商業等，都須借用此套數字分類系統。此系統被廣泛認可，更與政府其他單位合製各式資料庫，使用上非常方便。在美國管理與預算部（the U.S Office of Management and Budget）所出版的 SIC 手冊中（Standard Industrial Classification Manual, 1990 ），更備有各式表列數字辨別碼供讀者查詢。

美國經濟活動可概分為 11 種主要產業，例如，林業、漁業與製造業等，由 2 位數（2-digit code）的數位碼作為分類的標準，舉例來說，SIC 25 即包括了家具相關產品業界。至於次級分類，則使用第三個數位碼來代表，因此，某數位碼 252 ，即代表生產辦公室家具之業界，以此類推，第四個數位碼，則指更為特定的產業，例如 2522，代表了辦公室金屬家具之業界。在數位碼的使用上，最多可使用三個追加值來代表某一特定的產品，使得其總位數最高可達七個。但此 SIC 手冊中，並未詳細記載至七位數，讀者若有需要，可以參考美國產業普查資料（U.S. Census of Manufacturers），任何一個企業或工廠，都有一個 SIC 碼可資辨認其主要的業務和活動領域，由於 SIC 碼同時也是許多企業導覽定期發表的商業指數及統計資料刊物等所依循的分類標準，因此，研究者對某產業進行次級資料搜尋時的首要之務，便是使用正確的 SIC 碼。

第五章將會進一步討論多數機關組織採用之 SIC 分類標準的產業情報。本章則討論關於普查局出版之美國工業總覽（U.S. Industrial Outlook）與鄉鎮企業型態（County Business Patterns）。其中記載了許多最新訊息與統計摘要等。前者為

年刊，載有各產業簡介，以及超過 350 種服務業與製造業 5 年內的預估成長值；後者亦為年刊，提供全美 50 州及哥倫比亞區（District of Columbia）詳細的鄉鎮層級經濟活動的各項報告。

欲參考由普查局所提供之有用的工業訊息，可詳見例 3-2。 它記載產業投入與產出資訊的資料庫，包括了各產業產品或勞務的存量資料，特別有助於經濟性或商業性的應用，例如，預估經濟成長、辨識市場需求特性及分析經濟政策的效果。然而，其內容並未包括進一步的理論分析。讀者若有需要，可參考由美國政府出版之「美國經濟投入與產出結構詳解: 1977 年第一部與第二部」（Detailed Input-Output Structure of the U.S. Economy：1977, Volumes Ⅰ and Ⅱ）

國際資料庫資源

許多國家的政府單位也像美國一樣，進行類似的普查工作，其中大多數的已開發國家皆備有相關資料庫，並且也達精確水準。然而，少數的非工業國家則未能如此。例如，許多第三世界國家便無法提供類似美國普查局所製的資料庫，或無法提供最新的資料，雖然如此，建立全球性資料庫的工作卻愈趨改善，不但各國本身大力研究改進之道，國際組織如聯合國（United Nations），也對此類資料庫的建立大

有興趣。因而，大幅提昇了建立國際水準資料庫的必要性。

　　然而對許多國家而言，仍面臨以下三種主要的困難與限制。第一，可蒐集的資料很缺乏，當聯合國開始蒐集世界性的經濟活動資料時，只有粗略的基本統計值，如人口及國民所得等資料可參考。即使在一些已開發國家，諸如工業能源消費與家戶單位等細節資料，亦顯得闕如或過時。第二，就其他國家而言，則是資訊信度的問題。官方資料可能受國家形象和政治因素的干擾，導致其統計資料並不真切，國家稅賦政策和貿易政策所產生的效果，也很可能造成數值誤判或扭曲。舉例來說，當徵收貨物稅時，企業可能會短報產值。「經濟合作發展組織」（Organization for Economic Cooperation and Development, OECD）所提供之國際性的經濟資料庫，是歷史最悠久且準確度最高的資料庫，但卻常因發展中的資料庫與呈報中的資料庫反應出配合政策和照顧會員國需求的現象而遭受批評。

　　如上述，美國乃是一已經形成定期製作，且兼顧信度與效度資料庫制度的國家，其他先進國家，諸如加拿大、澳洲、紐西蘭和日本亦皆如此。但其他國家則可能處於非定期製作，或僅為特殊用途製作的階段。另一個可能的問題則是，某些國家變遷太快，以致於資料的時效性非常短。此外，不穩定的資料蒐集程序，使得資料認定及配合時勢的歷程更形困難。而就歷史性的資料而言，也可能會隨時代的不同定義，而產生資料解釋上的困擾等問題。

當研究者分析比較不同來源的資料庫時，若彼此不能相容，就會產生一系列的問題。而各國在蒐集資料的方法及分類標準上常有所不同。此外，所謂的普查所能及的範圍，可能限於有識字能力的社會，但對文盲社會則無用武之地。因此，實施於前一社會的調查方法並不一定適用於後者；也就是兩者之間難以並列比較。但多數情況下，如果研究者對此現象有心理準備，並不至於有太大的問題。

　　當研究者需要蒐集各國之社經特質資料時，最好的起點就是聯合國。表 3-4 所羅列的，即是聯合國及旗下所屬相關單位所製報告的總表，可作爲參考。完整的聯合國出版品可參考「聯合國資料庫系統與服務指南 1991」（Directory of United Nations Information Systems and Services 1991）或「國際統計資料指南 1982」（Directory of International statistics 1982），後者介紹並表列了聯合國所進行的各種統計工作，並進一步討論方法學上的相關議題。

　　另外，OECD 爲其會員國社經條件所需，或受其他國際性組織委託，亦製作爲數可觀的統計報告和資料，詳細相關資料可見表 3-1 之「統計資料庫資源」（Statistics Sources）

摘要

本章之主旨，在於介紹美國政府單位所製的各項普查資料概況，並著重於普查局的各項出版品，以及取得資料的各種管道。此外，也進一步討論 1990 年兩種最重要的，每十年調查一次的人口普查資料庫- 唯讀光碟片及 TIGER 數位地圖系統的應用。本章另一個重要的部分，即討論當下一期資料庫尚未完成時，估計人口統計值的方法，而 SIC 分類系統及國際性資源的介紹，也是本章的重點之一。

表 3.4
由聯合國或其他單位所製作之國際人口統計值及經濟資料庫

Demographic Yearbook
每年由聯合國發行，涵蓋了世界 218 個國家的人口統計資料。
Disability Statistics Compendium
有關身心障礙人士之人口統計或社會經濟相關議題的資料，調查區域涵蓋超過世界五十個國家及各主要地區。
Index to International Public Opinion 1988-89
為私人或其他機關公司所進行的調查資料，由國際調查研究顧問公司與 Greenwood Press 每年發行。
Industrial Statistics Yearbook
分為兩大部，第一部包括了超過 100 個國家的工業活動與結構分析。以活動類別進行分類；第二部則是比較分析約 200 個國家超過 550 種的工業產品。
United Nations Statistical Yearbook
自 1949 年以後，每年發行。內容有關世界人口、人力資源、農、林、漁業，礦、工業之統計資料。
World Economic Survey
分析世界經濟情況與趨勢，內容分別為開發中國家之計劃經濟，以及已

開發之市場經濟概況。

World Health Statistics Annual

由世界健康組織，聯合國統計處發行。內容包括死亡率、死亡原因及傳染病等相關統計資料。

International Trade Yearbook

有關國際貿易的趨勢以及國際市場上的價量狀況。

Monthly Bulletin of Statistics

由聯合國每月發行。內容有關人口、人力資源、運輸、貿易、所得及財務等。

例 3-1

如何運用普查資料做小地區的特質調查：
尋找遊樂場興建的最適地點

楔子

　　某市立公園負責人，近來被指派到某人口達 100,000 人的都會區任職。該市中心，也有多達 65,000 的居民。新官上任的第一件工作，就是針對位於低收入且有大量兒童人口，但卻缺乏遊樂設施的社區提出設立市立遊樂園的企劃案。設立遊樂園的目標以 5-14 歲的兒童為對象，此企劃案必須呈報完整的相關文獻，並須經過市議會決議通過。那麼，這位公園負責人應該如何進行這項任務呢？應該蒐集什麼樣的資料呢？

- ▶ 遊樂園需求者居於城市何區？
- ▶ 目前的遊樂園位於何區
- ▶ 有哪些地方可以規劃遊樂園？
- ▶ 如上所述之低收入但有大量兒童人口的社區位於何處？

公園負責人應如何取得相關資訊

其實，直接由市政府辦公室就能得到一部份的資訊。舉例來說，目前現存遊樂區的位置即為已知。因此，她就可以直接在全市地圖上，畫出目前遊樂區的地理範圍，至於選擇作為遊樂園規劃區的土地，她只要向市區土地規劃小組負責人詢問，目前仍未使用土地的位置即可。雙方只要看看地圖，將目前遊樂區的地區摒除在外，其他的土地皆可作為候選地。

公園負責人仍有必要了解該市之低收入戶兒童社區位置。有一個可行的方式是向 Claritas 公司購買按地域分類之人口統計資料庫。例如，該公司所提供之 PRIZM 的服務。另一個較省錢的方式是直接向市區土地規劃負責人索取目前正在進行案子的詳細資料。此舉的主要目的是，土地規劃案也需要參考普查資料，故可以作為現成的參考資料。其中，包括了普查單位之市民的平均年齡與收入，根據市區土地規劃負責人所言，這些資料當然也可以自普查單位報告中獲知。在此報告左上角的辦識碼 PHC(1) ，乃為報告的系列流水碼以方便查詢。其中 P 所表示的是人口普查數據，H 則

是家計單位的普查數據。

雙方參閱 PHC(1) 報告，並分別留意各普查單位，就全鎮、全市乃至市區以外地區調查之性別人口比例，發現該報告將性別人口分為，男性 5-9 歲及男性 10-14 歲兩欄，女性亦比照此分類法。因此，他們必須計算兩者的總和以得知 5-14 歲的兩性人口總數。

接著，他們翻到報告的背面，以便查閱繪有普查單位社區的界限圖。其中，各單位社區的編號也可由附表對照查知。隨後他們亦透過「1980 年民眾所得特質表」（Income Characteristics of the Population：1980）得知民眾所得分配情況，及其他所得低於貧窮標準的個體資料。關於民眾的貧窮標準，乃由貧窮指數（poverty index）判定，隨著家庭人口數、家長的性別、低於 18 歲小孩的人數，或是否居於農場等不同狀況而調整不同的低收入認定標準。

各普查單位社區的所得特徵，可藉下列任一方法表示，(a)所得分配；(b)平均所得或所得中位數；(c)由社會福利或協扶單位所資助的家戶數；(d)貧窮指數低於 1.0 的家戶數；(e)低於貧窮標準的家戶數；(f)低於貧窮標準且育有 18 歲以下小孩的家戶數。

這位公園負責人根據她的需求，仔細研究了各種可能的方式。首先，她必須先界定所謂低所得家戶的貧窮標準，她可以利用 1980 年出版的貧窮指數，或自行運用上述 (a) 到 (f) 所得資料定義適合的標準。然而，如果她選擇運用(a) 到 (e) 項的策略，則只能取得低收入高度集中的地區，並無法知道小孩聚居之社區何在。（如果公園負責人選了一個低收

入戶集中但都是老年人聚居的社區，可能會因此而失去工作。）因此，她必須選擇 (f) 項的資料，以取得育有 18 歲以下子女的低收入戶社區，但是，她仍然無法直接得知 5-14 歲的兒童人數，至此她仍有以下兩種選擇：

1. 一方面計算育有低於 18 歲以下兒童的低收入戶數，另一方面計算所有育有 5-14 歲兒童的家戶數，再結合兩者，預估育有 5-14 歲兒童的低收入戶數。欲計算此數據，可先將符合 5-14 年齡的兒童人口平均數，乘以育有低於 18 歲以下的低收入戶數而得知。也就是說，利用全體人口的年齡資料，找出 5-14 歲人口佔低於 18 歲人口的比例，最後再找出此年齡組的兒童生長於低收入戶數的比例。詳細算式請見本章附錄。值得注意的是，每個家庭的兒童人口數，可能有所差異。因此，若單以總家戶數作為計算的基礎，須注意可能產生的誤差。

2. 直接向普查局正式申請索取確切的報表。此公園負責人請普查局代為預估，但對方卻索價高達 3,000 美元，她認為成本太高而放棄。她的替代策略是用一個簡單的計算機，製作一如表 3-5 的試算表，推估出居於低收入戶且低於 5-14 歲的人口數。當她完成此試算表時，發現 6,7,8,11,12,14,16,17 號社區的資料，可在下列三處找到。分別是城中區，鎮外區域，及所有分割社區的總區域圖。也就是說，橫跨城區各區域的資料，分別載於城中區的單位社

區、城外區以及整個區域的資料庫，但就此計劃，她只須用城中區的部分即可。

此時，市區土地規劃員提醒她幾個應用者使用資料庫應注意的事項。首先，此資料是在 1980 年四月所製，數年後人口特質已有所變遷，特別是就小範圍而言，民眾年齡及遷移的改變尤其明顯。因缺乏較為近期的資料，公園負責人只能假設目前的社區和 1980 年代的情況類似。

另外，普查資料永遠無法達到 100% 準確，任何總體統計工作，如十年一次的普查，即使將誤差控制在許可範圍內，仍無法杜絕人為誤差與運算誤差的產生。若是某些資料調查進行時使用抽樣方法，還可能會產生抽樣誤差。有時某些資料會被省略，而以橢圓等圖形代替。因此，可能會發生以下情況：（a）當某特定類型的人數太少，以致於在省略之後仍可辨識其特質。但此部分資料卻成為不可得知的數據；（b）當某推算值（例如中位數或百分比例）因數值太小而無法代表資料效度時，統計數據則不可信。除此之外，推估值的產生必須基於以下假設才可成立：

1. 該普查資料是依貧窮指標而得，因此，估算式中所謂的貧窮指標（poverty level）與低收入是完全相同的變項。值得爭論的是，如此一來，可能會低估低收入的人數。因為，高於貧窮指標的民眾可能亦靠低收入度日。因此，研究者必須注意，高於貧窮指標但仍屬低收入戶的民眾，是否居住在與低於貧窮

水準者不同的社區。如若不然，則估算結果便有必要作調整。

2. 估算式另一假設是 5-14 歲兒童佔 18 歲以下人口的比例，（如表 3.5 中第四欄所示）與貧窮家庭對其他所得家庭的比例相同，如若不然，也可能誤導結果。

表 3.5
中區貧窮家庭 5~14 歲兒童的推估計算

普查單位代表號	(1) 貧窮家庭 18 歲以下兒童人數	(2) 5~14 歲兒童人數	(3) 18 歲以下兒童人數	(4) 5~14 歲兒童與 18 歲以下兒童之比例	(5) 貧窮家庭 5~14 歲兒童之估計人數
全市總數	7,137	18,861	32,923	0.57	4,068
中區	3,699	10,098	17,922	0.56	2,071
0001	--	67	123	0.54	--
0002	(2.65)(221)=586	621	1,140	0.54	316
0003	(2.49)(70)=174	797	1,486	0.54	94
0004	(2.17)(35)=76	1,360	2,286	0.59	45
0005	(2.12)(77)=163	705	1,267	0.56	91
0006	(3.46)(231)=799	1,053	1,779	0.59	471
0007	(3.21)(391)=1,255	1,602	2,726	0.59	740
0008	(1.82)(33)=60	174	395	0.44	26
0009	(1.60)(159)=254	231	820	0.28	71
0010	(1.87)(39)=72	793	1,370	0.58	42
0011	--	478	810	0.59	--
0012	(2.76)(51)=141	397	762	0.52	73
0013	--	550	820	0.67	--
0014	--	4	6	0.66	--
0016	(2.00)(43)=86	708	1,169	0.61	52
0017	--	558	963	0.58	--

3. 另一個更基本的問題是，到底哪一個年齡群的兒童最愛遊樂場？由於此計算式假設 5-14 歲的兒童使用遊樂場的偏好是相同的，並無法得知使用率最高之年齡層的兒童。

4. 最後，這些資料一定是某一特定時間的數據。因此規劃員只能以當時的資料假設未來遊樂場完成時的情況。

依照表 3.5 的計算結果，顯示只有其中的三個地區最適合建立遊樂園。（以社區編號爲準）詳情如下：56

區號	5-14 歲低收入戶的孩童預估數
0007	740
0006	471
0002	316

上述結果尙須和目前遊樂場公園及所有可能供作使用的土地分布等地區配合，結果如下：

1. 7 號社區有一塊土地可用，但該區已經有一個遊樂場和一個公園。

2. 6 號區也有一塊土地可用，但已有兩個遊樂場。

3. 2 號區有一塊土地可用，但沒有任何遊樂場或公園。

4. 離 2 號區不遠的 5 號區有一個遊樂場，但該遊樂場與 2 號區之間，有許多熱鬧的街道，2 號區的居民並不容易到達該處。

由此可知 2 號區是最好的選擇。

附錄　公式計算過程

資料庫中所呈現的形式往往與研究者的需要有所出入，但通常可以根據需要轉換之。舉例來說，在這個案例中，公園負責人需要低收入戶中 5-14 歲兒童的概約人數。使用者假設 5-14 歲低收入戶兒童佔 18 歲下兒童人數的比例與低收入戶佔全人口數比例相同，其詳細計算式如下：（以下算式的步驟，請參照表 3.5 的數值）

1. 計算低收入戶中 18 歲以下的兒童數：
   第一欄 = (18 歲以下的兒童人口平均數) 乘以 (育有 18 歲以下兒童的低收入戶數) 亦即 (2.88) X (2,478) = 7,137
2. 計算 5-14 歲兒童的總人數
   第二欄 = (5-9 歲男孩人數)+(10-14 歲男孩人數)+(5-9 歲女孩人數) + (10-14 歲女孩人數) 亦即 4,809+4,791+4,588+4,673 = 18,861
3. 18 歲以下的人數列於第三欄的欄首，因此總人數是 32,923
4. 計算 5-14 歲兒童佔 18 歲以下人口的比例
   第四欄 = (第二欄) 除以 (第三欄) 亦即 18,861÷32,923 = .57
5. 計算 5-14 歲居於低收入戶的孩童預估數
   第五欄 = (第四欄) 乘以 (第一欄) 亦即 (.57) X (7,137)=4,068

例 3-2

無限資料研究公司

主要任務（Objective）

預測 1991 年紙類與相關產品在批發商與零售商的市場潛力。

業務型態(Kind of Business)

此研究公司承包了包括經濟研究工業發展及行銷調查等工作。

待解決之問題（Problem）

某造紙公司委任此研究公司，進行紙類及相關產品之批發商及零售商市場潛力預估。首先，因造紙公司之業務代表需要設定業務目標，故要求預估紙類在各種交易管道之潛在總消費量。其次，因該公司在 1991 年初期曾應邀經手 1991 年所有批發商與零售業直接或間接交易的統計工作。第三，因該公司曾應邀進行此造紙工廠市場佔有率的調查。因此，根據過去經驗預估得知，約有 15% 的佔有率。

資料來源（sources of data）：

1. 「美國經濟投入與產出結構詳解：1977 年」
   （Input-Output Structure of the U.S. Economy：
   1977）「當代商業普查資料：1984 年 5 月」（Survey
   of Current Business（May, 1984）
2. 「1991 年美國工業綜覽」（1991 U.S. Industrial
   Outlook）（包括 1991 年計劃在內）
3. 「批發交易月刊：銷售與存貨」(1991 年 3 月)
   （Monthly Wholesale Trade：Sales and Inventories）

假設（Assumption）

1. 紙類及其相關產品的市場需求可經由「1991 年美國
   工業綜覽」預估。
2. 1991 年 1 月到 4 月批發商的銷售預估額，係以「批
   發交易月刊：銷售與存貨」的資料乘以 3，得出1991
   年全年的銷售額預估值。
3. 為計算紙類及相關產品之直接與間接交易的銷售
   額，該研究公司設定該造紙公司之毛利率約為銷售
   額的 25%。為了呈現生產與消費之間的關聯性，以
   及透過投入產出模式計算之最終市場效果，必須註
   明商品是否直接由生產者交與消費者，而並未有任
   何的中間交易過程。最後買賣的結果即可以全數的
   毛利率來計算，而不受中間交易的干擾。（也就是

說，只要考慮營運成本與營利額即可。）

計算過程（Procedure）

根據「批發交易月刊：銷售與存貨」三月刊所預估（如上述資料來源 3），1991 年的批發銷售額將達 1,721 兆元。而依照「1991 年美國工業綜覽」（如上述資料來源 2 ）估計，零售銷售可望達 1,982 兆元。因此，總計應為 3,703 兆元。由於製造商欲了解批發商與零售商直接交易之紙類商品總額，該研究公司以 25% 作為總銷售額的毛利率，計算得知毛利約為 9,260 億元。自表 3.6（由投入產出結構之表三再製推算而成）可知，批發與零售直接交易每一元之毛利為 0.0058 元。因此，直接交易之總銷售額的毛利約為 537 億元（9,260 億 X 0.0058）。然而，這只包括了以直接使用該產品者為對象的數值，並不包括間接由食品相關產品業者或百貨業者，以批發或零售管道使用紙類產品之消費者。

此外，此研究公司也進一步預估了所有可能使用紙類相關產品的毛利率。包括在加工或製造過程中，需要使用紙類品之製造業者在內。此計算方法乃依據 1948 年 5 月當代商業普查資料（Survey of Current Business）之直接與間接成本的數據計算而得。結果為 0.01342 元。準此， 1991 年之預估總毛利額為 12.43 兆元（9,260 億 x 0.01342）。又該紙公司估計批發零售市場佔有率達 15%，因此，研究公司計算其市場潛力為 1 兆元 8 億六千四百萬元（12.43 兆元 X 0.15）。

結論

　　根據上述紙類之市場需求預估的報告，該紙公司起草了一份擴增廠房設備、增聘業務員，以及重新進行市場區隔與增加多元化業務等等的企劃書。

4

政府部門資訊

第二部分 :其他資料庫

　　除了普查局之外，其他的政府單位，例如，聯邦政府、州政府與地方政府等行政體系，亦為研究者提供了相當廣泛的資料庫與統計報表資訊。另外，司法體系各相關單位，也提供了大量且信度極高的資料庫。而國際性的組織，如聯合國則提供了世界各國之資訊。本章即著重眼於介紹這類資料庫的特色與取得這些資訊的方式。

　　前章所述普查局之出版品，只是聯邦政府製表單位之一，也就是說，普查局資料只代表所有普查所得資料之一部

份而已。於 1966 年所通過的「資訊自由法案」(The Freedom of Information Act)，使許多資料庫得以在公共審查制度的監督下開放給民眾使用。根據此法案規定，聯邦政府的相關主管單位，必須對九項免審範圍之外的各項資料庫提供認證紀錄。有關遵循該法案規定，以取得資料的過程，於本章稍後討論。

然而，並非所有政府單位製作的資料皆像普查資料庫一樣完善。對某些政府單位而言，不論是多麼不實際的問題，他們寧願進行調查以找尋解決問題之道，也不願意承認無法掌握所面臨的困難。舉例來說，有關空氣污染成本之相關數據，便是引自本世紀初在匹茲堡 (Pittsburgh) 所作的研究結果 (Wasson, 1974)。此結果後來甚至推估至全國，並呈報國會參考。但是一般來說，最可靠的政府資訊為固定舉辦的普查與研究。許多單位皆定期自行發行統計報表，詳如下列：

其他出版統計報表之政府單位

聯邦預備體系 (The Federal Reserve System)

聯邦預備體系每月出版之「聯邦預備公報」(The Federal Reserve Bulletin)，其創刊號早自 1915 年五月即開始發行。其中包含了「聯邦政府官員預備會」(The Federal Reserve

Board of Governors）的活動介紹，及「聯邦開放市場委員會」
（The Federal Open Market Committee）的會議記錄。統計報
告方面，則涵蓋了許多財經領域的資訊，包括了消費部門情
報、商業資訊、政府單位以及房地產等相關資訊。專論方面
則囊括了政策宣導（例如利率政策）、聯邦準備銀行的貨幣
政策，以及信用整合政策、商業銀行法規、金融市場行情、
聯邦融資市場、保險市場、財團融資、消費者分期信用貸款、
基金存量變量、國際利率與匯率變動等介紹。此公報可透過
網上 ABI/INFORM 及 Management Contents 等管道取得。
另外，自 1976 年起即發行之季刊 「聯邦預備圖冊」（The
Federal Reserve Chart Book ）及年刊「聯邦預備歷史圖冊」
（The Federal reserve Historical Chart Book），亦提供豐富的
金融與消費採購等資訊。

農業部（Department of Agriculture）

美國農業部（DOA）每年發行三種出版品，包括「農業
統計月報」（Agricultural statistics）、「穀物產量行情」（Crop
production）、「農業物價行情」（Agricultural Prices）。這三種
統計報表分別載入了各種農場運作情形，穀物產量報導，及
某特定作物的市場實際價值與預估價值。除此之外，DOA 亦
發行其他一些月報與其進行的特定研究計劃。舉例來說，「美
國農業之國際貿易」（Foreign Agricultural Trade of the
United States）雙月刊詳載了進出口農產品的價格與數量行
情，諸如經濟學家、農業社會學家、政府單位或企業企劃人

員皆爲該報表之主要使用者。至於「世界農業情報與綜覽報告」（The World Agriculture Situation and Outlook Report），是透過實證研究結果，分析了世界農業的發展。特別著重於分析特定國家或地區之特定農產品的發展趨勢。其他由 DOA 發行的出版品，包括「農業綜覽」（Agricultural Outlook）、「農業部門的經濟指標」（Economics Indicators of the Farm Sector）、「國際農業情報」（Foreign Agriculture）、「世界農業供需預估」（World Agricultural Supply and Demand Estimates）及「農業年鑑」（Yearbook of Agriculture）。上述所有出版品，皆可自「美國統計報表指引」（American Statistics Index）中查詢。

勞工部（Department of Labor）

勞工部執行了一系列的家計單位支出調查計劃，以作爲調整消費者物價指數的依據。類似的研究爲定期進行，同時並出版研究成果。例如：「勞工萬象月刊」（Monthly Labor Review）其自 1915 年起出版，內容包括了就業與失業率、勞工年收入（labor turnover）、工資與工時、職業傷害與職業疾病、工作中止等統計資料，以及批發、零售物價指標，以及其他當前與勞工有關之各項資料。而不定期出版的「職銜導引」（The Directory of Occupational Titles），則自 1939 年起出版，內容包括了超過 20,000 種職業之求職情報，應徵條件及工作機會。勞工部所屬之勞工統計局，負責以各職業類別、勞動市場條件及未來職場供需爲依據，研擬研究計

劃。此資訊的主要需求者爲人力資源規劃者，及執政者發展或補充就業政策時的參考資料。

　　年刊「州與地方政府之就業與所得統計報表」（Employment and Earnings Statistics for States and Areas）則涵蓋了超過 7,500 種，依職業分類之薪資總額資料，且記載 3,300 種勞工工資與工時之資料。所有的資料都附有調查時的時間紀錄以供對照之用。總體資料則以州及 202 個主要地區作爲分類標準，另一可作爲相互參考之年刊稱爲「美國就業與所得統計報表」（Employment and Earnings Statistics for The United States），則爲上述報表擴展至全國各地之數據紀錄。而另兩種月報「勞動力月報」（Monthly Report on the Labor Force）及「就業與所得」（Employment and Earnings）則負責更新該月報的數據。「勞工統計手冊」（The Handbook of Labor Statistics ）則是由「勞工統計局」（Bureau of Labor Statistics）中的主要幾項資料庫所編制而成。主要內容爲：就業率、失業率、員工屬性、非農業部門之員工薪資、生產力、賠償金及外籍勞工的相關資訊等。由勞工部兩年出刊一次之「職業綜覽手冊」（Occupational Outlook Handbook）則刊載了各行業的可能就業趨勢，及約 200 種職業的就業環境剖析。年刊「地區工資行情調查」（Area Wage Survey）以六大職業分類（製造業、公共能源、批發、零售、金融、服務等業）爲基準，分析各行業的工資水準，以及各公司或工廠可能獲取之額外利潤。最後值得一提的出版品是「州與地方之失業報告」（Unemployment in States and Local Areas ），每月估計一次，涵蓋超過 25,000 城鎮、地區之勞動市場的失

業率。

商業部（Department of Commerce）

　　除了普查局的資料庫之外，商業部亦出版爲數可觀的研究報告，例如「當代商業普查」（Survey of Current Business），就是自 1921 年起創刊的月刊。其中收納了全國所得與生產毛額等統計摘要資料。特別是包含了超過 2,600 種像房地產行情、一般商業指標、商品物價、內銷行情、就業人口、財經、運輸、通訊及國際貿易等一系列的統計數據。「美國進出口行情精要」（Highlights of U.S. Export and Import Trade）亦屬商業部發行的月報之一，它針對價值約爲 1,000 元的商品提供讀者更深入的統計行情。資訊資料庫的分類，分別以月、年爲單位或以產品（同時羅列一般性與特殊性產品）及地理區域（同時羅列國家與地區）等爲基準。在進出口業的統計報表中，是非常有利的參考數據之一。

　　商業部所發行之另一專業刊物是「城鄉資料手冊」（Country and City Data Book）。讀者可以唯讀光碟片形式取得資料，它是不定期發行之刊物。但可方便地爲讀者提供有關城鄉人口資料、所得、教育、就業及房地產資訊。至於「商業統計雙年刊」（Business Statistics ）則提供「當代商業普查」（Survey of Current Business）月刊之歷史紀錄。「鄉鎮商業型態報導」（County Business Patterns）是由商業部與健康醫療部（Department of Health and Human Services）所共同發行的。其中記載了各縣的企業型態與數目統計，以及各行各

業的就業人口資料。而「鄉村市場調查」(Country Market Survey)則包括了特定村落產品等級的報導,可以幫助讀者了解特定村落產品的市場競爭力、終端使用者分布及市場機制運作法則,且可進一步了解該村的經濟概況。若需要進一步的查詢,可透過附表的相關單位與機構名稱,與之聯繫。此刊物是對欲投資國際外貿市場之最佳參考書籍。

「國家技術資訊服務中心」(the National Technical Information Service, NTIS)是商業部之特別單位,負責蒐集傳佈由國家資助的技術研究計劃報告,它是由 NTIS 所收納整理的資料庫,內容包含了自 1964 年起超過 250,000 種由聯邦政府資助的研究計畫報告,備有制式參考書目供讀者參考。某些重要研究計劃報告亦翻譯成其他語言之書目。NTIS 亦出版了「國家環保統計報告」(National Environment Statistic Report),其中摘要了環保的相關資料與趨勢報導。最後值得一提的是「種族統計報告:一份資料來源的摘要」(Ethnic Statistics: A Compendium of Reference Sources),期中摘錄了 92 種有關種族問題的統計資料庫,並有使用手冊──「種族統計報告:如何使用國家資料資源進行種族問題研究」(Ethnic Statistics: Using National Data Resources for Ethnic Studies.)。

健康醫療部 (Department of Health and Human)

健康醫療部出版之「生命紀錄統計月報」(Monthly Vital Statistics Report)及年刊「全美生命紀錄統計年報」(Vital

Statistics of the United States）,內容包括了出生率、死亡率、結婚離婚率及各州與健康相關的各項紀錄報表。

經濟顧問委員會（Council of Economic Advisor）

此單位負責發行的月刊「經濟指標報導」（Economic Indicators）則包含了與一般經濟概況有關的圖表。例如每人消費支出、國民生產毛額、國民所得、利率、聯邦財經概況、國際貿易統計數據等資料。隨此出刊之兩項補充資料為「經濟指標補充資料」（Supplement to Economic Indicators） 及「經濟指標補充說明」（Descriptive Supplement to Economic Indicators）。該單位亦出版有關經濟政策與經濟預測的報告。此報告乃取材自「供總統參考用之經濟報表」（Economic Report of the President）。

內部收益服務中心（Internal Revenue Service）

「國民所得年報：企業所得與退稅」（Statistics of Income : Corporation Income Tax Returns）即自 1916 年起,由該單位所出版之刊物。包含了國內國外企業的所得資料,係以產業別及資產與業務規模作為分類及排序基礎。採用類似兩位或三位之 SIC 碼作為辨識碼。事實上,該年報亦包含各種不同退稅型態之次級資料庫。例如,個人公司、股份公司或股份有限公司等,而就個人退稅的資料而言,IRS 另提供按照年齡、職業等人口學之變項所製作的查詢手冊,讀者

可循線找到個人的退稅概況。

經濟分析局（Bureau of Economic Analysis）

經濟分析局則是出版了名爲「商業概況摘要」（Business Conditions Digest）的經濟指標分析月報。每項分析皆包含下列三大部分：（a）循環指標-包含各種經濟流程的指標，各種經濟活動的合成指數及匯率變動的離散指數；（b）其他重要的經濟衡量指標——包括勞動力水準、就業與失業率、政府對於商業行爲、物價、工資、生產力、國民所得及國貿交易等活動的介入程度；（c）歷史資料與特殊衡量指標的參考附錄。另有一不定期出版的「經濟循環指標手冊」（Handbook of Cyclical Indicators），其中內容取材自「商業概況摘要」，按照時間序列製成 300 種表單供讀者參考。其中包含四部分：分別爲指標性的複合指數（composite indices of leading）、即時指數（coincident）、事後分析指標（lagging indicator）、歷史資料及相關參考數據等內容。另外經濟分析局也發行了「地區性個人所得報告」（Local Area Personal Income），主要載入都會地區及鄉鎮地區之個人所得總額與每人所得水準之預估值數量，內容多達九卷。第一卷涵蓋了全國主要地區及各州的概況；第二卷到第九卷則分別記載八個地區的所得水準，包括（新英格蘭、中西部、大湖區、草原區、東南部、西南部及落磯山脈區、西岸區等地）。

聯邦傳播通訊委員會 (Federal Communications Commission)

「公共傳播通訊媒介統計年報」(Statistics of Communication Common Carries)收錄了所有關於州際或國際傳播通訊服務活動,所有的營運及財務資料,包括了全美地區的電話號碼資料、報導近來通訊設備的發展趨勢、相關收益概況、國際通訊服務以及員工活動快報等,應有盡有,更是一個查詢特定公共資源公司(utility company)的絕佳管道。每季資料則載於「電話通訊營運資料季刊」(Quarterly Operation Data of Telephone Carries)及「電報通訊營運資料季刊」(Quarterly Operating Data of Telegraph Carriers)。

能源部 (Department of Energy)

能源資訊管理部(The Energy Information Administration, EIA)出版了一份半年刊,作為所有隸屬於該部門出版品系列之導讀刊物。例如,「EIA 資料索引:期刊摘要」(EIA Data Index : An Abstract Journal)及姊妹作「EIA 刊物導讀:使用者手冊」(EIA Publications Directory : A User Guide)。此兩者是了解能源部所出版刊物的絕佳入門書。內容包含了預估與實際的能源準備量、用量、產量及市場供需概況與價格,且包括美國地區其他的能源產量及使用狀況。其他能源部的刊物包括了「天然瓦斯月刊」(Natural Gas Monthly)、「石油行銷月刊」(Petroleum Marketing Monthly)、「石油供

給年刊」（Petroleum Supply Annual）、「美國原油天然瓦斯及液態天然瓦斯準備」、（U.S. Crude Oil, Natural Gas, and Natural Gas Liquid Reserves）、「石油概況周報」（The Weekly Petroleum Status Report）。

安全與交易委員會（Securities and Exchange）

安全與交易委員會（SEC）則是大量搜羅了美國私人機關的資訊，可作為了解股票上市公司概況的參考。若需相關資料，可付費郵購取得，或逕自向收錄 SEC 文件資料的圖書館索取。其中以 10-K 、10-Q 、8-K 等型式存檔者，最能提供有效使用。以 10-K 為例，每年發行一次，載有各公司的營業項目、職員人數、競爭對手、概況預估、管理階層名冊、不動產分布、市場競爭力及生產線的變動、研發部門預算、專利商標概況、銷售額、收益、利潤、所得及總資產等項目。至於 10-Q 及 8-K ，則為 10-K 尚未到達下期出刊時之補充資料。上述資料庫無疑成為搜尋私人公司機關資料之寶庫。若需捕捉某工業之產業總圖像，亦可藉由 10-K 報告，統整各競爭對手公司之間的情況。該報告亦可就各公司的需要，依特定時期製作特殊的格式。因此，經濟學家或規劃商業策略者就特別需要此報告。

國家科學委員會（National Science Board）

「科學指標」（Science Indicators）呈現了大眾對於科技

工程、研究資源、工業研發與國際研究等態度之相關資訊。

美國國會資訊服務處（Congressional Information Science）

「統計參考指標」（Statistical Reference Index）所提供的是非聯邦組織所出版之各類統計報表的導讀性刊物。「美國統計指標：美國政府出版品之導讀手冊」（The American Statistics Index: A comprehensive Guide and Index to the Statistical Publications of the U.S. Government）則是聯邦政府組織出版之各類統計報表的導讀月刊。

州及地方政府（State and Local Government）

聯邦政府並非唯一的政府資訊資源，州及地方政府亦針對特定的主題進行實證資料蒐集的工作。州級政府通常出版統計報表摘要，此外，「地理資訊百科全書」（Encyclopedia of Geographic Information Sources，美國版於 1986 年出版，國際版於 1988 年出版），則是各州與各城市所出版之期刊導覽，及統計報表等刊物之導讀性刊物。有關汽機車註冊、企業營業執照、婚姻登記等也都可由州及地方政府，分門別類編制資訊報表。

法院（Courts）

雖偶有例外，但司法體系的紀錄通常都是對外公開。就

聯邦及州立法院而言，法院紀錄可由職員辦公室取得。每一級法院都備有原告與被告雙方的判決紀錄，高等法院更有專屬的圖書館。各地區另有可取得受託保管的法院判決紀錄，地方法院職員辦公室內，通常可以查到最近之受託保管資料之地點。

政府補助、簽約或協辦之資料庫

一般大眾不乏有人對於如何為政府服務，或如何取得政府單位協助的問題深感興趣。如學術機構的研究者及研究所，常常需要研究經費的補助。至於地方政府，各項政策通常也希望得到聯邦政府的補助或協辦。而企業機關則對與聯邦政府有關之契約行為、設備更新計劃，以及其他商業交易有高度興趣。「美國政府手冊」（United States Government Manual）乃屬聯邦政府之官方文獻，可提供上述人士所需的資訊。此刊物自 1935 年起，每年出版一次，包括了所有隸屬聯邦單位的資訊及其相關活動介紹。主要範圍包括政府之立法、行政及司法機構，但僅限於具獨立性且屬國際性、準官方性等類型的政府組織。其中一個特別的單元稱為「政府資訊導覽」（Guide to Government Information）。主要內容在於介紹如何搜尋美國國家出版品。

聯邦政府繁雜浩瀚的研究計劃群需要一份導讀刊物，以便尋得提供協助的管道。「聯邦政府國內計劃補助總覽」

（The Catalog of Federal Domestic Assistance, CFDA），詳盡地介紹以財務支援民眾之聯邦計劃或相關活動。其中所涵蓋的資助範圍廣泛。從提供補助金貸款，到提供保險不一而足。至於典型的計劃資訊內容，則囊括了承辦單位的義務、研究主題、適任資格要求及申請程序和獎賞原則等等。

對於想向聯邦政府提供銷售服務的個人或公司機關，則必須熟悉「商業日報」（Commerce Business Daily, CBD）的內容。商業日報由商業部（Department of Commerce）於 1954 年創刊，是聯邦政府公佈資助計劃內容，或採購設備、服務需求、物資需求及約定研究計劃等訊息的主要管道。例如，國防部（Department of Defense）若預計進行約 10,000 美元的計劃，或其他部門若需要進行至少成本達 5,000 美元的計劃，就必須在商業日報上刊登廣告，研究合約書及獎賞規定也要一併刊登。由預算管理處（The Office of Management and Budget）所發行的「聯邦政府國內計劃補助總覽」（The Catalog of Federal Domestic Assistance, CFDA）」，則提供了聯邦計劃內容及財務支援的資訊。由採購及技術支援處（The Office of Procurement and Technical Assistance）不定期出版的則是「美國政府採購與銷售指南」（U.S. Government Purchaing and Sales Directory）。此刊對於想要向聯邦政府銷售產品的中小企業，提供了一個查詢綜覽資訊的管道。

「聯邦政府註冊日報」（The Federal Register）為聯邦政府每日出版之刊物。內容包括最新進行之研究計劃，最近通過的條約及現存計劃或政策變動訊息。由於本刊載有補助計劃之公告，故對於社會科學研究者而言，此刊特別重要。另

外，各政府之個別單位也自行發行具傳媒效果之出版物。例如「國家健康研究院」（The National Institute of Health, NIH），便發行了「NIH 契約研究流程」（NIH Research Contracting Process），及「研究計劃補助與獎勵辦法導覽」（Guide to Grant and Award Program）。而「國家藝術基金會」（National Endowment for the Arts）則發行了「文化導覽:聯邦政府舉辦文化活動之基金設立與相關服務簡介」（Cultural Directory: Guide to Federal Funds and Services for Cultural Activities）。

目前已有相當數量的工業團體發展出監督政府研究計劃的能力。不論經費多寡，工業團體中的各種人才皆具有為特定政府計劃、提供資訊的能力。舉例來說，許多公司提供上網搜尋的功能，民眾可迅速自網路上尋得特定計劃的相關訊息（詳見第六章）。近來由政府部門所生產的產品也可自唯讀光碟片中尋得（相關程序亦請詳見第六章）。例如，1988年「城鄉資料簿」（City and County Data Book ），即可透過此管道取得 1987 年所進行的經濟普查資料。其中「全國貿易資料庫」（National Trade Data Bank）最為有用。因為它備有套裝軟體，可輕易進入「美國工業綜覽」（U.S. Industrial Outlook ）及其他系統查詢所需的資訊。普查局則是計劃將1990 年以來數量可觀的普查資料收錄在唯讀光碟片中，以便民眾查詢。另一個對研究計劃補助特別有用的刊物，是由Marquis Who's Who 發行的「補助計劃註冊年刊」（Annual Register of Grant Support）。此刊物每年更新一次財務支援資訊。其中不但包括了政府資助的研究計劃內容，也包括了由

基金會企業專業團隊及其他組織所贊助的計劃。

如何取得政府文獻

由於美國政府非常需要快速傳遞的文獻系統，全美每個地區都設有政府文獻「指定區域文獻記管處」（Designated Regional Depository），負責接管與保存紙張或微縮片型式之政府出版品。由「文獻監管處」（The Office of the Superintendent）負責分配至各地圖書館，某些圖書館被指定為「特區」（restricted），負責某些特定型式的出版品。每一個大都會區都至少有一個初級的區域託管處，以及數個特區。電洽最近的圖書館是能得知何處有區域文獻託管處的最快方法。若想羅列出所有的託管處名單，可向華盛頓市美國政府印刷處公共文獻部總圖書館（Chief of the Library, Department of Public Documents, U.S. Government Printing Office）訂閱。然而許多並非區域文獻託管處之指定圖書館也承接部分的政府出版品。

此外，美國政府印刷處也備有含列印價格的目錄供民眾參考。包括各種不同類型的文獻、各種從普查局提供的統計報表，或資訊手冊等，通常索取少額費用。若單行本的刊物則多是免費的。該處也在全美各地大城市經營書店，提供相關訊息服務。

雖然政府單位提供定期的資訊服務，但並非所有的資訊

都是廣泛流通的。特殊研究或報告可能無法對民眾開放，必須經過特別申請才可提供。同時，此類申請必須受到「資訊自由法案」（Freedom of Information Act）的規範。

依資訊自由法案規定取得資訊之道

取得政府文獻的重要依據之一，便是「資訊自由法案」（Freedom of Information Act），市民在特定條件下，可以透過申請，取得政府部門的各項報告、備忘錄、機關文件副本，及其他相關文獻。有關該法案的起源可以追溯到美國建國初期，1822 年時 James Madison 曾說：「一個受擁戴的政府，若沒有一個可取得資料的方便管道，則該政府所受到的肯定，只不過是個笑話或悲劇，或者兼而有之。因為，知識永遠引導著未知領域的探索，人們若想建立屬於自己的、有為的政府，就必須具有完備的知識。」

在資訊自由法案的保障下，取得政府文獻沒有任何困難。只要經過正式申請確認手續即可，甚至連索取資料的原因都不必說明。該法規定，受託單位於收到索取資料申請後10 個工作天內必須予以回覆，但不需急於送達文件。此法案的執行絕非易事，不同單位的處理方式亦有所不同。而決定是否提供民眾所需資料的主控權，大部分在於單位的經營者。但是，就某些單位而言，只要按照該法案的要求提出正式申請，便十分容易得到你所要的資料。

許多單位都有處理民眾索取資訊的專門人員。為了使作業程序更迅速，在信封寫上「資訊自由法案」的字樣乃是明智之舉。根據法案規定，提供文獻的機關可以收取費用，但不可超過資料處理的實際成本。若是成本低廉，或屬普遍性的資訊，一般都是免費的。另外，有四種狀況是可以減免資料索取費用：（1）低收入戶；（2）索取之資料有益大眾福利；（3）申請索取資料時，申明最高費用限額；（4）只借閱資料參考並不購買等方式。

　　按照資訊自由法案的規定，受託單位必須備有下列幾種可供民眾查詢的參考資料，包括了：（1）受託單位的組織介紹及聯絡地址；（2）單位行政流程及一般性的服務項目；（3）申請規定及表格；（4）申請資格及一般性政策介紹；（5）申請資格判定之結果；（6）與民眾有關之管理手冊等。上述參考資料必須由「聯邦政府註冊處」（Federal Register）發行，也可不拘法案規格自行印行，供民眾參考。

　　所有的聯邦政府單位都應依「資訊自由法案」之規定，接受民眾申請索取資料或紀錄。但是該法案並未明確定義，所謂資料或紀錄的範圍為何。基本上，任何一個與單位之所有權、監護權或控制權有關的紀錄，都視為該法案所認可的紀錄。而諸如單位雇員的個人紀錄，則不在該單位的紀錄範圍內。因此，未屬法案所認可範圍之紀錄，則無法根據法案規定供民眾查詢。

　　另外，由國會（或國會相關機關，例如國會圖書館）政府印刷處，及聯邦司法系統所製的資料，並未受資訊自由法案的約束。有關國家首領級的文獻也免該此法案的約束。但

即使是符合法案要求的機關單位，下列九種狀況也可免於法案約束：

1. 有關國防和外交政策的文獻、政府機密文件等可免於約束。當各機關收到申請時，可以自行判定是否應保護機密性資料。

2. 可免受其他法案約束的資訊（例如退稅金額），或法律規定不得外洩的資訊。

3. 內部溝通文件。例如機關內部相互通行的備忘錄。

4. 私人文件。例如醫療紀錄及私人檔案等，一旦外洩，即造成侵犯隱私權之文獻。

5. 與調查程序有關的文件。一旦外露可能會干擾執法效果、侵犯隱私權、揭露機密文件與調查機制，使當事人生命受到威脅或剝奪當事人受公平審判的權利等負面情況者。

6. 有關財務機關的資訊，例如，聯邦儲備委員會（the Federal Reserve Board）。

7. 有關水源區分布及特定地圖的資訊。

8. 與機關外界無關的個人業務和法規。

9. 業務機密文件，例如貿易機密與財務機密，屬九大免於法規規定條件之首要地位。然而，決定是否適用上述九大條件之說明並不明確，需由相關主管機關決定。

除上述部分資訊免受法規約束外，其餘部分必須回應民眾的需求。若拒絕民眾申請，必須提出正式通知並說明理

由，及附上負責單位的聯絡地址和名稱，以及裁決過程的相關訊息等，以供參考。民眾被拒後，依法保有上訴權，但大多數機關會要求，必須在收到拒絕通知書後 30 天內提出上訴。通常上訴成功率很高，則申請許可改由法院裁決。若您需要更詳細有關「資訊自由法案」的訊息，請洽 Freedom of Information Clearinghouse, P.O.Box 19307, Washington, DC 20036。

　　和此法案有關的第一個問題是，如何提出索取資訊的申請？您必須提出需要資訊的合理理由，一個可能的方法是查閱曾向各機關申請之文件紀錄。因申請文件乃屬公開紀錄之一，通常由各機關保存在閱覽室中，供民眾查閱。第二個問題是，申請的時間及申請手續。依索取資料的性質、數量及申請手續之必要性不同而異，可能需要幾個月才能完成。與「資訊自由法案」有關的可用參考刊物，詳如下述：

A. 「資訊自由法案：法案簡介與使用簡介」（The Freedom of Information Act : What It Is and How to Use it），可向 Freedom of Information Clearinghouse 索取。。

B. 「使用資訊自由法案及索取政府文獻，1974 年，隱私權法案之市民手冊」（A Citizen's Guide on How to Use the Freedom of Information Act and the Privacy Act of 1974 in Requesting Government Documents），此卷由政府營運處之議院委員會（House Committee on Government Operations）負責編纂，可向政府印刷處（Government Printing Office）

索取 。

C. 「聯邦註冊搜尋指南」（The Federal Register
     Index），此指南統整每季所累積的指數後，每月發
     行。羅列了許多可接受民眾申請的法定機關名稱、
     索取費用及購置或查閱資料的地點。只是並非所有
     的機關都備有此名單，此指南可向政府印刷處
     （Government Printing Office）索取。

摘要

　　以上所列之查詢資訊的資源，只選擇一部分作陳述。並
針對取得政府資訊可能管道作簡單地介紹。另外，解決查閱
政府資料時所發生問題的導覽刊物為「政府統計資料之使用
手冊」（A Handbook for Business on the Use of Government
Statistics）（May, 1979）及「社會科學統計資料緒論」
（Understanding Social Statistics）（Lutz, 1983）。後者主要在
說明統計值是如何編寫的，何處可以取得，以及教育人員、
企劃員、政府官員、商業人員及一般大眾之使用方法介紹等
內容。

5

聯合商業機構及其他
非政府的資料來源

　　資料的取得及分析是很大的商機，許多公司定期搜集特定資料來出售，這些資料包括市場調查研究、單一來源的數據資料、商業組織刊物、特定主題的研究、人口計量及經濟計量的數據等資料。這些通常被賣給有需要的使用者，但隨時間過去，這些資料的商業價值會降低，而且可以用更實惠的價格取得。本章將介紹幾種常見的聯合商業機構之資料來源，並討論如何使用這些來源，以及提供使用它們的優、缺點。

　　許多私人組織出版數據、報告及其他形式的資料，範圍從民眾申請政府調查資料的數據，至更大範圍的原始數據。

許多公司做的就是提供資料的生意，負責提供特定主題的數據和報告給他們的會員和委託人。通常這類來源的資料並非免費，個人或組織須付費以取得資料。不過這些資料通常是同時搜集的，因此搜集資料的費用可以由各個團體分攤，所以使用起來比自己從事第一手資料研究要便宜多了。

在美國，這些有財產權的資料通常是針對有特別需要的商業利益而搜集的。這需要追蹤貨物的銷售情況乃至於了解廣告鎖定群的媒體習性。因為這類資料能提供商業機構很大的競爭優勢，因此取得途徑較為困難。不過，隨時間消逝，資料會失去競爭價值且可以免費提供給學生、大學教職員，或是其他有興趣的人。

這種有財產權的資料和報告的費用及受限的取得途徑，並不是使用它們的唯一缺點。這方面的數據通常是根據特定主題而搜集的，對其他目的來說可能並不適用。對於一個項目，不同來源的資料可能有不同的定義及劃分範疇，這使得資料的對照與比較變得困難甚至不可能。數據的可信度及一貫性，可能因來源的不同而有很大的差異，所以需要仔細查對數據及其獲得的管道。

儘管有這些缺點，使用這些來源的資料還是有其重要的優點。取得這類資料通常要比親自從事原始研究要便宜；而且我們很可能可以將這些資料用在不是它們原先設定的用途上；最後，因為使用者需要付費，資料提供者就得保證資料的品質及一貫性。

聯合組織及定做資料的類型

　　關於有財產權的資料，可以分為兩大類。第一類通常是指「聯合組織的資料」（syndicated data）；第二類則被稱為「定做的資料」（customized data）。當資料對多數使用者有用時，獲得資料的花費就會很高，而且這類資料必須經常地取得、更新。對於加入聯營資料來源的使用者來說，取得這類資料並不困難。商業組織通常為這類聯營資料提供了媒介。使用者只要付費就可以從商業公司獲得所需的資料。一般說來，在這種類型的服務下，資料的搜集和記錄過程是標準化的。資料依一定的原則被搜集、然後聯合供應給不同的使用者。這類聯合資料服務裡最有名的例子，就是從事收視率調查的尼爾生（Nielsen）公司。

　　即使聯合資料服務的用處非常大，它們通常不回答一個特定組織或個人的可能問題。因此為了要符合特別的資料需求，就必須委任定做一個研究。定做的研究可能也包括在資料聯營的資源裡，不過那些數據資料通常只被搜集來回答一個特定的問題、或是特定時間點上的一組問題。舉例來說，一個政府機關在決定其大眾運輸系統的使用類型時，可以選擇自行從事研究或委託私人組織負責評估。

　　許多商業公司同時提供標準化以及定做的研究服務。在表 5-1 裡，我們可以看到一些較為人熟知的人口統計研究組織。裡頭有一些公司只做普查局普查資料的再分析，其他的則自行從事資料搜集的工作。這份名單並不完整，不過它的

確對如何從商業機構獲得這類資料提供了基本參考。

在這個上網找資料的年代，有兩個可在網路上找到的資料庫指南，一個是線上資料庫目錄（Directory of On-Line Databases），另一個是可下載線上資料庫目錄（Directory of On-Line Portable Databases）。後者與前者最大的不同在於，使用者可以真正購買資料庫，而前者則只是列出聯合資料來源的製造商。另一個有關定做資料的指南是 FINDEX：市場研究報告、探討及調查目錄（The Directory of Market Research Reports, Studies, and Surveys），從 1979 年起，每年由劍橋資訊集團出版。這分刊物上列出了營利市場、商業、以及研究報告的出版刊物。最近一期包含了超過 500 個世界各地的市場研究發行者，報告總數在 13,500 份以上。雖然基本上是針對商業研究者設計的，這些報告對其他人也有相當的應用價值。廣泛主題的資料，例如保健、運輸、能源、電腦和電子、媒體、旅遊業、以及石油化學和金屬業等基礎工業都列在這些刊物上。報告同時也列出了可提供資料的組織名稱及預估的所需費用。一份報告的價格可能要好幾千美元，不過大部分刊物的價格都很便宜。

FINDEX 的國際版－市場索引：國際市場研究刊物目錄（Marketsearch：International Directory of Published Market Research）。這份名錄指南上列出超過 100 個國家，18,000 份以上的研究資料，這些資料依產品或企業的 SIC 碼分類。這項服務是由出版者（劍橋資訊集團）在網上提供，搜尋主題是：Marketsearch Hotline。

表 5-1

人口統計資料公司指南

The Arbitron Company

Arbitron 是一家市場資料服務公司，提供的資料包括有：顧客看哪種節目、聽什麼音樂、在超市買什麼產品。同時也提供關於什麼樣的顧客買什麼樣產品的資料。

Brusking／Golding Associates

該公司專門從事總括性的研究服務，透過 AIM 調查，一種在家的個人面談研究，每季調查 2,000 個成人。它也從事電話調查，每個週末針對 1,000 個成人舉行全國性的電話訪談。

CACI

提供全方位之人口統計與心理統計的服務、產品及系統。應用包括郵寄、顧客簡介、地點選擇、媒體規劃還有對手分析。它也提供美國 1990 年、以及英國 1991 年的普查資料。

Canadian Market Analysis Centre （CMAC）

提供加拿大的市場資料，包括郵遞區號等人口統計、地圖資料庫、位置報告、零售商業區地圖、土地統計等系統。

Claritas／NPDC

提供依郵遞區號、學區、國會選區、零售商業區、電視市場等分類的地區人口統計資料。它最新的系統是 COMPASS，一種能整合、分析、安排出客戶自己的資料系統。

Compusearch Market and Social Research Limited

提供加拿大的普查資料、以及依據加拿大人口統計和顧客行為自行搜集的資料。

Computerized Marketing Technologies, Inc. （CMT）

為其顧客，美國及歐洲市場之商業人士，創立並維護家庭行為資料庫。

Datamap

提供彩色編碼的電腦製圖用於商業區域分析及地點選擇。它能幫助顧客，例如製造商、市場商人、房地產公司、銀行、及速食店等，來研究他們的顧客特質。

Donnelley Marketing Information Service （DMIS）

所販賣的人口統計資料，是結合郵寄問卷和政府普查資料及其他公共來源而來。它的 CONQUEST 系統提供取得人口統計、經濟、及地理資料庫的途徑。這個系統能分析人口統計的組合、生活形態、社會經濟特質、

商業環境等。

Equifax Marketing Decision System （EMDS）

EMDS 是一家提供有關目標行銷、直銷、及信用式消費的綜合產品和服務的廠商。提供的產品包含：顧客需求的人口統計、經濟和商業資料報告及磁片、電腦繪製的彩色市場圖、分類系統及郵寄名單等等。

Impact Resources （IRI）

IRI 提供地區性及全國性的市場追蹤服務，通常能顯示出一個品牌的銷售表現，並提供透視這種表現背後的消費者行為之觀點。

Intelligent Charting, Inc.

提供一個全彩地圖幫助客戶建立、完成並處理市場和銷售計劃。

Langer Associate, Inc.

這家公司重點在有關市場和生活形態主題的質性研究。

Market Statistics

專門使用人口統計、經濟、零售貿易以及商業資料，全都鎖定在地區及民俗領域。同時並提供 GIS 套組，以供地點選擇和人口模擬。

Mediamark Research, Inc.

提供年度聯合報告，範圍包括顧客對電視、收音機、有線電視使用的全國性調查。也提供年度包含 20,000 個樣本的單一來源的媒體、產品、品牌及人口統計的研究。

Metromail

提供小區域的人口統計數據，例如年齡、預估收入等

National Demographic and Lifestyles（NDL）

提供資料庫服務來幫助顧客規劃販售及產品、廣告、代理商的支援，還有顧客服務等。

NPA Data Sevices

每年更新的經濟、人口、家庭相關事務資料庫，這個資料庫的來源是國家普查，以及詳細的人口數據如年齡、性別、種族、死亡、移民、就業、及收入支出等。

Scientific Telephone Samples

這家公司是一個隨機抽取電話樣本的供應商。

SRI International

這公司最為人所熟知的是它的 VALS2 計劃，這是一個能預測顧客行為

的計劃。

Starch INRA Hooper, Inc.

每年研究超過 100 種刊物內 50,000 個以上的廣告。這個公司擁有一個超過 2 百萬個廣告的資料庫。提供與廣告相關的服務。

Urban Decision System, Inc. （UDS）

根據顧客需要提供各種形式的普查資料。它提供的 GIS 系統能幫助顧客統整、處理及分析市場資料。

Woods and Poole Economics, Inc.

這公司做的是對各國家都會區到 2010 年之詳盡、大範圍的人口統計及經濟預測。預測範圍包含性別、年齡、種族等方面的人口統計；企業的就業及收入；商業方面的零售業以及個人收入等。亦可以根據顧客要求從事特別地區的市場預測。

　　許多法人團體或有限公司提供各種主題的資料，範圍從提供給股東的報告書、到產品如何生產及使用等。例如，賀須食品公司（Hershey Foods）印發許多有關巧克力的小冊子，裡頭包含了有關營養、烹調及其他相關主題的資料。這類投資經紀公司如 Bear Stearns 和 Merrill Lynch 也提供重要的市場資訊來源，就好像企業趨勢及預測等。這些報告的目錄可以透過企業及工業研究報告索引（Corporate and Industry Research Reports Index, CIRR）得到。CIRR 提供這些報告的縮影片。

　　商業公會也是資料提供的重要來源。從葡萄種植業到銀行業，幾乎每一種行業都有一個以上的公會組織。這些公會組織通常贊助並發起研究，而這些研究不但會員可以取得，通常外人也可以拿到。它們也可能發行或贊助特定的報導刊物。大量而且非常詳盡的資料，通常也可以在商業刊物中得

到。表 5-2 列舉了一些篩選過的飲料業刊物。

表 5-2

飲料業相關刊物

Beer Marketer's Insights
對當前釀造業發展的廣泛討論。
Beverage Industry
對主要飲料領域的詳細報告,尤其是清涼飲料、瓶裝水及無碳酸飲料。
Beverage World
全面深入報導飲料業的市場、製造及包裝。
Beverage World Periscope
所有飲料種類的貿易新聞。
Bottled Water Repoter
全面深入報導瓶裝水領域。
Brewers Almanac
美國啤酒工業統計。
Drinks International
評論所有種類的飲料。
Impact Annual Beer Market Review and Forecast
啤酒、葡萄酒及酒精資料和文章。
LNA Ad $ Summary
各品牌廣告費用支出。
Mixin'
美國酒保協會通訊。
Modern Brewery Age
啤酒工業及時討論。
NSDA Sales Survey
全國性及地區性的工業統計。
Wine Tidings
葡萄酒及其相關主題;食物、旅遊、葡萄產期、產地報導及品嚐會。

有一些對貿易組織有用的指南，例如，美國國家貿易及專業協會（National Trade and Professional Associations of the United States），世界貿易組織目錄（Trade Directories of the World），以及歐洲協會目錄（Directory of European Associations）。許多目錄是為特定企業編纂的。兩個很有名的例子是：美國目錄指引（Guide to American Directories），上面列舉了 7,500 個以上貿易的、專業的、以及企業的名錄；還有美國科技目錄指引（Guide to American Scientific and Technical Directories）。

提供聯合資料服務和定做資料服務的公司機構，實在多到無法完全在本章列舉出來。然而，委託的研究還是有一些共通的目的。因此，本章接下來將要討論政府官員和私人企業對這類資料的最常見用法。

商業機構的一般資料

許多組織對有關其他組織的資料有共同需求。不管在美國或其他國家，都有很多有用的商業組織相關指南。表 5-3 列出了一些較為人所知的例子。這些指南大部分都只是描述如何獲得更多額外資訊的途徑。其中，SIC 碼是最有用的工商分類資料，因為許多資料來源都是以 SIC 碼列出資料。對產品之製造者或品牌的辨別也有很大的幫助。舉例來說，如果有人需要研究個人電腦，這些指南會提供一個辨別製造電

腦廠商的原則與相關的 SIC 碼，這些就可以用來當作搜集更進一步資料的基礎。

企業組織的財務資料

更詳細的企業組織財務資料，也是可以由相關的途徑取得。許多公司提供與該企業財務表現相關的高度專門資料。這種資料的範圍可能包涵許多企業的財務表現及活動的一般性概念，到某種特定企業的詳細相關資料。這類資料的使用者通常是一些隱性的投資者、分析對手競爭力的組織，或是經濟、財政及會計方面的研究者。關於組織財政方面的刊物，數量大到無法全部列在本章裡，表 5-4 列出一些較常用到的刊物。大部分圖書館裡的圖書館員可以提供其他來源的資料。

市場與客戶資料

龐大的數據資料可以用於研究有關人們如何使用他們的時間和金錢的議題。這類型的資料對銷售及服務業的公司來說顯得非常重要。對有興趣研究社會經濟特性和

表 5-3
商業組織的資料來源

Directory of American Firms Operating in Foreign Countries
列出超過 3,000 家運作的公司及國家。

Dun & Bradstreet Million Dollar Directory
列出 160,000 家淨值超過 500,000 美金的公司,包括企業組織、公共公司、
運輸公司、銀行及信託公司、批發商、零售商等。可以透過語音服務線
上查詢。

Dun's Guide to Israel
大約 8,000 家以色列主要企業及商業公司的指南。

Europe's 15,000 Largest Companies
8,000 家主要企業公司、2,500 家貿易公司、350 家銀行、350 家運輸公司、
200 家保險公司、100 家飯店及餐廳、150 家廣告代理商,以及 250 家其
他公司的指南。包括公司名字及總部、聯絡方式、國際標準企業分類碼
(ISIC)、銷售量、員工人數、股東人數等等。

F & S Index to Corporations and Industries, United States
提供超過 750 份生意及財政刊物。每週出版,有每月、每季、每年的累
積。以公司和 SIC 碼標記索引,可上網取得。

F & S Index, Europe; F & S Index, International
每月出版,有每季、每年的累積,索引依據為 SIC 碼、地區及國家,和
公司。亦可在網上取得資料。

Kelly's Manufacturers and Merchants Directory
一個世界性的指南,但重點放在英國。包含一個超過 84,000 家英國公司
的列表。

Marketing Economics Key Plants: Guide to Industrial Purchasing Power
列出超過 40,000 家擁有 100 個以上僱員的主要製造工廠。包括工廠的名
字、員工數、地址、電話及 SIC 碼。

Sheldon's Department Stores
一個針對最大連鎖或獨立零售系統的年鑑,包括百貨公司、連鎖百貨公
司、傢具公司、女用品公司及女性特殊產品連鎖公司。

Standard & Poor's Register of Corporations, Directors and Executives
一個分為三冊,有關 50,000 加以上美國及加拿大公司的團體,包括名稱
及超過 40,000 位的主管。第一冊提供 70,000 位團體管理者及監督者的傳

記；第二冊按字母順序列出其名稱、產品、主管、SIC 碼、員工數及產品特性；第三冊則是以 SIC 碼編排團體的地理位置索引。

Thomas Register of American Manufacturers

這份刊物是美國製造業的廣泛指南，列出了超過 15,000 家製造公司。可以在網上取得資料。

Who owns Whom

美國及加拿大母公司、子公司及相關公司的指南。包含 6,500 家母公司、100,000 家國內外子公司及相關公司。

文化習慣如何影響消費者行為的經濟學家、人類學家、社會學家和社會心理學家而言，這些數據具有相當大的應用價值。大規模之消費行為數據的搜集研究提供了關於社會大眾購買習慣、生活形態，以及消費態度和意見的資料。

　　這類研究的一個有名例子是由 R. H. Bruskin 主導的希爾頓飯店研究。這是一項包含 1,024 個樣本，橫跨美國各州的電話訪問調查研究。這項研究證實了 1990 年代浮現的重要生活形態趨勢，例如更多人投入生產行列、更忙碌的行程安排、以及更少從事休閒娛樂的時間。這項研究顯示，大多數人在疲累的狀態下開始他們的週末渡假，而在週末結束時，幾乎沒有人感到比週末剛開始時更有活力。週末渡假情況的相關數據是：人們少花 8 小時從事他們想要的休閒活動，卻多花了 6 涠半小時在他們願意投入之家務上。這份研究幫助希爾頓發展出他們著名的市場策略——回歸週末（Bounceback Weekend）。根據希爾頓的說法，解決這種太多雜務纏身、無法放鬆的困境就是跳脫出來。回歸週末（Bounceback Weekend）的方案，提供的正是一個管道，讓

顧客可以在充滿壓力的一週後，讓自己放鬆並且再充電。希爾頓飯店配合研究的發現，發行「回歸週末指南」，提供有用的祕訣來教導人們如何安排工作日，以便能從充滿壓力的生活跳脫出來，並在週末得到最大的身心鬆弛。

要了解個人和組織的消費型態，還有許多其他的資料來源，其中最常見的一種就是「郵寄名單」（mail panel）。「郵寄名單」指的就是同意參與定期郵寄問卷調查的家庭。這些調查可能會詢問有關對政治事件的意見、未來購物的計劃、對產品或服務的反應，或是花在各種活動的時間。因為郵寄名單的會員一般說來都很合作，且搜集這類資料的費用是由許多使用者共同分擔的，郵寄名單是一種相較之下獲得大量資料的低成本方法。然而，使用這類資料時還是有潛在的危機。首先，人們總是質疑參與郵寄名單的受訪者，是否不同於參與研究的母群體。這也就是說，這些人有較多的空閒時間來回答問卷，且對討論的主題較有興趣，這可能會造成測量時的潛在偏誤。一個有名的郵寄名單，是消費者滿意度調查聯盟（Conference Board Survey of Consumer Confidence），有些大學及非營利機構也經營郵寄名單。

郵寄名單的另一種類型是「郵寄日誌名單」（mail-diary panel）。這些會員每日持續記載各種消費活動。從事郵寄日誌名單工作歷史最久遠的團體之一，就是美國企業市場研究（Market Research Corporation of America, MRCA）。

表 5-4
財務記錄資料來源

Companies and Their Brands

涵蓋 40,000 家以上製造、進口或其他以顧客為導向的產品之公司。包括
公司名稱、地址、電話等。

Direct Marketing in Japan

涵蓋日本 80 個專門或非專門的市場商人。包括日本市場企業的分析。

DiskAmerican on CD-ROM

資料被分成東方和西方版本。包括公司名稱、地址、電話等。

Dun's Service Companies

包含 50 個員工以上的 50,000 家服務公司。包括公司名稱、地址、電話
等。

Dow Jones Investor's Handbook

每年出版，搜集超過十年以上的月結額、紅利報酬、利潤收入等比率的
歷史統計數據。

Forbes Report on American Industry Issue

列出大約 1,150 個主要公有機關，包括機關名稱、銷售及利潤的占有率、
成長率、股市十年利率等。

Fortune Director

提供資料包括 500 家美國最大的企業公司、50 家最大的銀行、50 家最大
的壽險、財政、運輸、公家機構及零售業等。出現在每年八月的 Fortune。

Moody's Manuals

每年出版七冊，且每週提供更新資料。所提供的資料包含現在和過去的
財務資料、證券資料、公司地點及公司歷史簡介及組織官員。

Standard & Poor's Stock Reports

可分別由三處取得。每份報告都提供各公司的簡短介紹、利潤及資產負
債表等等。

Value Line Investment Survey

是一個能提供大約 1,700 種股票利率及報告的四冊刊物。

遍及全美各地大約 7,5000 個家庭，藉由寫日誌將他們對購物習慣的詳細情形提供給 MRCA。在日誌中，他們記錄買了些什麼、在何時何地購買、花了多少錢、購買的數量、每個包裝裡有多少個項目，以及這項消費是否包括特別折扣或贈品券。每個月 MRCA 都會提出一份以產品的類別和品牌劃分的消費者前月購物報告。這些參與郵寄名單的家庭，以地理位置、收入、孩子數、家庭規模、年齡和教育等方面的特性代表更大的母群體。然而，在其他特性方面，他們不一定具有代表性，所以要將一特殊行為普遍化時，必須要提醒大家注意其誤差程度。

Arbitron 是另一個郵寄名單的販賣公司。它最主要的營業項目是個人的電視使用情形及收音機收聽習慣。參與 Arbitron 郵寄名單的會員，將他們使用媒體的習慣（media habits）記載在日誌裡，而這些資料每個月都會經過系統化的處理，並報告出來。這些資料通常也可以提供一些基本資料給特別主題的報導，例如媒體習慣的改變、次母群體的媒體習慣。為了要提升受訪者的參與動機，參與 Arbitron 廣播收聽習慣調查的人都會被告知：「並不是每個人都被要求加入郵寄名單，而且你們的回答是特別重要的」。更強烈的誘因是，他們會收到三張捲曲的鈔票，每張鈔票上都貼著一張便條：「謝謝你提供豐富的日誌，你寄回的日誌將幫助廣播業者提供更多你喜歡的節目。」

「郵寄名單」的優、缺點

「郵寄名單」是具有相當價值的龐大資料搜集方法，因為資料是連續不斷的搜集，所以能長時間追蹤受訪者的行為改變。不過，它也有一些缺點。首先，受訪的都是自願者，這可能會產生抽樣偏見，因為所接觸的家庭裡，每五個中只有一個願意參與這樣的郵寄名單。同時，人們可能會因遷移、或死亡退出。結果是名單上的會員會隨著時間而改變。一年一年的比較，郵寄名單的完成量可能會有 20％到 33％的改變。因此，因時間而造成的差異，可能只反應出樣本的死亡率。另外，我們很難控制究竟是誰填答了問卷。於是，最好由家中某特定成員提供資料，否則會因為問卷是由家裡的其他人填答而遭到扭曲或導致調查無效。

此外，受試者容易受到多種測試的影響，新的受試者通常會產生一種「社會意識」而扭曲了他的行為或對行為的報告；長期的受試者通常會養成習慣性的回答問卷態度，以及對新產品意見等等。還有，這些受試者可能無法完全代表廣大人口的意見、行為及其他興趣特性。為了修正這些問題，人們嘗試了許多努力，例如不使用剛加入的新會員所提供的資料、輪流汰換舊會員。然而，它們仍然具有一些潛在的誤差來源。不過即使如此，這些郵寄名單仍然對了解個人的態度和行為提供了一些有價值的看法。

特定目的的郵寄名單也是可以取得的，例如單身者、內科醫生、青少年、工程師等的郵寄名單。最典型的應用例子

是大部分公司為了了解它們的顧客而使用郵寄名單資料。然而，許多公司也提供郵寄名單的資料給社會科學研究者。最近還有一種新的趨勢，就是利用電子方式連結顧客報告的資料。這方面的資料通常與單一來源系統（single-source system）相關。

單一來源系統

單一來源資料直接與消費者對廣告及購買意願提升有密切相關。它們觀察個人消費反應與市場為影響這些反應所做的努力是否相關。「單一來源」這個詞首次出現於 1966 年的英國 J. Walter Thompson 廣告機構。那是用來描述郵寄名單參與者的基本資料與閱讀習慣、價值傾向和購物行為的研究訪談結果。今天，這個名詞指的是，消費者郵寄名單中的一個消費者暴露在廣告中，與其後來購買行為的資料。

引進一般性產品編號（Universal Product Code, UPC）使我們能經由電子掃描機閱讀產品包裝上的條碼，記錄下購買物和其他相關資料。這個方法的優點是，它能詳細、正確且及時地記錄確實購買的物品，而不必依靠被視為電視和商店決算基準的個人日誌。電視決算確實是有問題的，根據 MTV 研究和廣告的副總裁 Howard Shimmel 的說法，MTV 的收視戶，從來不會以日誌好好地記錄。

「青少年和年輕人是沒有耐心的，尤其是當你提
供一個媒介讓他們可以切換至 MTV 或 CNN 來看個
三分鐘的錄影帶和新聞播報、又切換回一般電視
節目時。不同於記日誌的方式，電視測量表可以
記錄每秒鐘的收視群。它們可以捕捉住每一次的
切換。」(Schwartz, 1989, p.25)

　　日誌依靠收視者來回想他們的收視習慣，通常沒辦法捕
捉住這麼短時間的收視調查。同樣地，日誌依賴消費者的記
憶來記載他們的購買習慣，掃描機則可以在購買的瞬間就將
資料記錄下來。因此，掃描器考慮到使管理階層更有效率地
運用時間，也帶給零售商更精密的應用，特別是盤點庫存品
的控制方面。更重要的是，藉由即時輸入最新的產品 UPC
碼，掃描機讓決策者更有效地測量市場努力和消費者行為之
間的關聯。因此，撇開產品的購買不說，掃描機還能記錄所
付的價錢、贈品券的使用、貨架空間的資料、走道盡頭的展
示，以及共同廣告的使用。這些變項都容易與他們對產品成
交量、淨獲利和銷售額的影響相關。在 1988 年，預估有超
過 10,000 的商店擁有掃描設備，大約佔了全美日用品商家的
60%。
　　兩種電子監視工具，創造了現代單一來源系統：一個是
電視測量表（這能正確記述誰看了電視、以及看了什麼節
目），還有就是雷射掃描器（它能用電子登記產品的 UPC 碼，
創造出即時的銷售資料）。就定義來看，單一來源系統搜集
的資料，是來自郵寄名單裡居住在能代表整個國家人口統

計、一切都相當完備之社區的單一受試者。持續追蹤代表在廣告及推銷之後究竟買了什麼。這個受試者通常是從使用贈品券或其他促銷品中吸收來的，而且每位受試者都攜帶一張在結帳時被掃描的識別證。這樣提供了一個家用品的採購情形；其搜集到的相關敘述性資料提供了消費者所接觸之廣告或促銷活動與其消費行為之間的關聯。撇開這個固有的優點不談，單一來源系統使資料的取得變得迅速，甚至幾乎是即時的。

然而，根據 Schwartz（1989）的說法，今日我們可獲得的單一來源系統有三個主要缺點。首先，它們沒有記錄到許多消費者會接觸到的市場訊息，因為在產品上、電台裡以及戶外的廣告並沒有被追蹤監測。例如，香煙就是由戶外廣告、公關公司、還有運動項目的贊助者所推銷。接著，掃描器並無法記錄所有的購買行為，只有附條碼的包裝商品會被記錄下來。最後，並非所有的商店類型都被考慮到了，舉例來說，極大數量的糖果是在便利商店、書報攤、販賣機，或是其他沒有掃描系統的銷路販賣出去的。

單一來源系統的應用範圍，從立即得知促銷活動對販售反應的影響到庫存控制和貨架安排都有。這個系統連單一顧客的購買習慣等微小分別都可能追蹤到。透過這個系統，一對年老的夫婦可以取得營養補品的贈品券；而有嬰兒的家庭則能夠獲得免洗尿布、嬰兒紙巾及嬰兒食物的贈品券。另一個有關掃描資料的應用，是由 Michale J. Wolfe 提出來的，他是 SAMI 資料服務之產品發展與應用的董事。Wolfe 建議，將掃描的銷售記錄和促銷資料，與商店之人口統計及真實資

料結合。更特別的是，Wolfe 測試了西班牙人口密度對冷凍食品銷售百分比改變的影響。他發現當人口密度增加 10％時，冷凍食品中的魚、肉會有 4％的增加，而冷凍馬鈴薯則減少 6％。這對市場與這群成長中的人口有興趣的製造商而言，這種資料能提供一個極佳的觀點及益處，尤其是因為少數特定的團體已經被用來代表郵寄名單的資料了。

許多公司企圖要創立全國性的電子追蹤名單。包括紐約的 Arbitron 收視率調查公司、芝加哥的訊息資源有限公司（IRI），以及紐約的尼爾生公司。Arbitron 的單一來源系統被稱作美國掃描（ScanAmerica），剛開始時它涵蓋了丹佛及科羅拉多的 600 個家庭。到了 1991 年的秋天，Arbitron 已經在其他八個城市的家庭納入 ScanAmerica：亞特蘭大、芝加哥、達拉斯、洛杉磯、紐約、鳳凰城、匹茲堡和聖路易市。這家公司計劃要在 1993 年初，擴展成包含 5,000 個家庭的全國性服務。參與 Arbitron 的家庭，在他們的電視機上安裝測量器，上面有掃描棒讓這些參與的人能記錄下他們所買產品的 UPC 碼。這些參與者也會列出他們所閱讀的報紙、雜誌及其他出版品。這個系統被批評的一點是，當被調查者自行將消費記錄及閱讀習慣輸入測量器時，可能因為不熟悉操作程序，而使系統記錄錯誤資料。

IRI 在 1979 年從事行為掃描（Behavior-Scan），是第一家進入單一來源領域的公司。這個系統是由搜集二手來源資料的設備組成，包含有由 UPC 碼掃描設備的雜貨店、藥局，以及所購買的物品與此類商店相連結的參與家庭（經由使用一種在結帳時輸入資料的電子識別卡）。行為掃描使電視廣

告鎖定在某些特定家庭的可能性增加。行爲掃描的設備也用來測試消費者的動機，就像廣告和產品介紹一樣。IRI 也提供了從全國 60,000 個參與家庭掃描而來的資料，稱作 InfoScan。這個系統能建立連續性的追蹤測量、購買者的特性，以及品牌忠誠度等。在這 60,000 個參與家庭中，其中 10,000 個家庭也裝設有電視測量器。

尼爾生的單一來源系統稱作追蹤掃描（ScanTrack），每週提供有關包裝商品的銷售、市場占有率及零售價格的資料，這是從裝有 UPC 碼掃描設備的超級市場得來的。另外，國家電子家庭追蹤掃描名單（ScanTrack National Electronic Houshold Panel）在 1989 年擴展到 15,000 個參與家庭（包括 4,200 個家庭測試電視收視習慣，8,000 個使用識別卡）。這些家庭透過家庭掃描器搜集了有關購買包裝商品的資料。這家公司使用識別卡產生的資料來做商店的促銷分析；並使用家中掃描器得來的資料分析廣告的效果。

調查抽樣

爲了繼續郵寄名單和單一來源的數據資料，於是有一些組織透過系統抽樣來調查所有人口的各種意見或行爲。密西根大學的調查研究中心指導了一些正在進行的、與重要社會議題有關的調查。研究者可以取得這些研究的數據資料及結果報告作實際應用。關於家庭的最大研究之一，是由一家商

業公司 Mediamark Research, Inc.（MRI，以前稱作 Target Group Index 或是 TGI）所進行的。大約有 20,000 個家庭參與這個訪問研究。樣本是從美國成年人口中抽出、很具有代表性的有效樣本。叢聚抽樣（cluster sampling）用來從參與研究的家庭中抽出代表組。MRI 主要的研究目的為搜集有關雜誌讀者的資料，以提供廣告商使用。這項研究獲得了一些資料，包括消費者特性、雜誌和報紙的讀者群、產品的使用，以及其特定的活動，就像電視或廣播收聽調查的資料。這些資料依雜誌讀者和產品分類、摘要整理成一系列的書冊。

MRI 是一個可以方便得到有關人們從事特定活動之特性的資料來源，例如購買特定產品或股票、參與運動或市民活動等。大部分的廣告代理商都擁有 MRI 最新一期的年刊，而許多商業學校則保有過期的刊物。這些過期的刊物可以用來了解隨著時間演變的行為趨勢。Simmons 組織也提供相同的資料及報告。

許多其他來源的二手數據可以用來評估有關個人或團體組織行為的資料。這些數據的範圍包括意見調查、追蹤商品販售及服務的公司。一個有關這些公司的有用指南是每年由「美國市場組織」發行的國際市場研究機構及服務目錄（International Directory of Market Research Companies and Services）。這份刊物上列有從事市場調查的美國公司或其他挑選過的外國公司，並描述這些公司提供的服務。另外一個也有幫助的指南，是在美國及世界各地發刊的布拉福市場研究機構及管理顧問目錄（Bradford's Directory of Marketing Research Agencies and Management Consultants）。這份指南敘

述不同研究公司之服務。表 5-5 介紹了一些服務機構,並舉例說明各種可獲得的服務。也可以要求其中某些公司提供報告樣本及其他資料。

其他各國的相關資訊

　　商業和學術研究者感興趣的另一個領域就是國外資料。許多外國政府,如美國政府或是聯合國都可以取得這類資料。另外,有些商業來源也能獲得相當大數量的資料。「Statesman's Yearbook」提供有關政府、人口、教育、財政、工業等的簡介。由 Predicast 股份有限公司發行的「Worldcast」,則包含了特定國家短期及長期的經濟指標預測。除美國之外,包括超過 60,000 個有關產品和市場的預測。現在有電子版光碟片的「CIA World Fact Book」則包含了 248 個國家的地理、氣候、天然資源、人口、語言、勞力、政府、組織會員、經濟、全國生產總數、通貨率、失業率、預算、輸出品、負債、工業製造、企業、農業及許多其他變項。由國際商業組織出版的「BIDATA:Printout

表 5-5

提供聯合報告及定做報告的商業研究服務（Commercial Research Services Offering Syndicated and Customized Reports）

A.C. Nielsen Company
這家公司提供的服務範圍極廣，從電視收視率調查到包裝產品銷售量、市場占有率及零售價格等的都有。

Bases Burke Institute
提供顧客市場測試服務、新產品分析等服務。

Elrick and Lavidge （E & L）
專門為客戶做產品調查研究。這家公司計劃從事一個顧客滿意度調查的郵寄名單來擴展其國際性領域。

Gallup Organization, Inc.
Gallup 每 2 到 4 周舉行一次全國性的綜合調查。每個月出版關於大眾態度的刊物。它也製造許多特殊主題的報告。

IMS International
評估藥品及其他保健產品的消耗量，及醫師開立處方的模式，並提供製藥商的工作方向。同時提供藥品銷售報告及醫藥索引。

Information Resources, Inc. （IRI）
在美國，最主要的 IRI 服務是 INFOSCAN，它提供包裝商品的銷售追蹤，也提供一個從全國 60,000 個郵寄名單家庭搜集來的購買資料。IRI 同時也有單一來源的行為追蹤資料。

Louis Harris and Associates
這是一家全方位服務的公司，其調查及諮詢的主要重點在提供策略性的規劃、態度研究、保健方面的公共政策等。

M/A/R/C, Inc.
這家公司從事客戶市場調查，它能用來預測新產品的成功與否，並評估廣告的最大限度。

Maritz Marketing Research, Inc.
專門從事顧客滿意測量及客戶市場調查。它也做汽車以及農業的聯合資料調查。

Market Facts, Inc.
專門為客戶、企業或服務業客戶從事顧客研究。

MRB Group, Inc.
MRB 旗下有 Simmons 市場調查處，這個調查處製造有關媒體與市場的研

究。

NFO Research, Inc.

NFO 持有一個可代表一百萬人的 400,000 個郵寄名單家庭。這個郵寄名單是以人口統計特徵及持有產品作分類，並用電話和郵件來測試態度與使用、概念與產品測試以及追蹤。

The NPD Group

NPD 可分為聯合服務和定做服務兩個部門。前者提供關於商店態度、顧客購買及顧客對企業的看法等。資料的蒐集是來自郵寄問卷、傳統審核與電話訪問等。

Opinion Research Corporation （ORC）

ORC 的大眾意見索引追蹤一般大眾、監督管理階層、政府領導者、媒體及財務單位的意見。提供許多特別調查的報告，以及一些特定主題的聯合服務。

Roper Organization

根據個人訪談得來的資料，出版兩份刊物：「Roper 報告」及「Roper 報告索引」。

Summary」是一個處理有關亞洲、中國、東歐、歐洲及拉丁美洲的概略資料。十二月號的「國際商業周刊」提供了 132 個國家的類似資料。「Pick's Currency Yearbook」是一個有關 112 種外國貨幣的有用指南。最後，「地理資料來源百科全書」則描述了 150 個城市、國家及國際區域裡超過 12,000 種的商業資料來源，包括出版品及機構組織都列在上面。

摘要

　　商業資料是一種無法評估其價值的資源。這類資料提供
的不是特定議題或問題，而是一般的內容。然而，因為許多
公司靠出售資料來賺錢，與政府資料相較之下，這些資料有
時候顯得很昂貴。資料的取得可能也會有些限制。但除了這
些限制外，這些資料一般來說還是比使用者自行搜集來得便
宜。同時，當資料年代較久，通常會失去商業價值，卻也變
得更容易購得。許多社會學家忽略這件事，而沒有好好應用
商業資料。就追蹤社會結構變動和文化變遷而言，這樣的資
料通常是最不昂貴且可信度極高的。

6

電腦輔助資訊之取得方式

　　許多資料已被轉換或化約為電腦體系可接受的型式,使用電腦系統的好處是可將龐雜的資料轉為便利快速的檢索系統,可能在幾分鐘內就可完整地得到廣泛詳盡的資料。本章要旨即在於說明此電腦系統的使用方式。

　　電腦時代的來臨,對於資訊科技而言,是一大革命。早期透過緩慢的目錄、索書卡、簡介,以及參考書目的研究方式早已被快速、全面且有效的電腦系統取代。過去可能需要幾個月的時間才可能在圖書館找到充足的資料,今天可能只要幾分鐘。過去十年間,電腦網路的興起儼然成為一個新工業。由於一日千里的發展速度,幾乎每週都有新發明出現。此時,許多使用者也很迅速地跟上此趨勢,舉凡圖書館、企業、政府部門及私人電腦,都可在幾分鐘之內找到他們所需

要的龐大資訊。

　　要進入資料庫網站，首先必須懂得使用資料傳輸的工具。因此必須透過聲音連接器，或內接式或外接式數據機（modem）的個人電腦等終端設備。另外，準備一線電話作為終端機與主電腦的連接線也是必要裝備。一旦上述設備皆齊全時，剩下的工作就是尋找合適的資料庫，以及能解決手邊問題的資訊。但這不是一項簡單的任務。因為在過去 14 年間（自 1975-1989 年），美國資料庫資料增加 95.9 %（自 5 千 2 百萬到 5 兆筆資料），而資料庫本身的數目也增加 15.9 %（自 301 到 4,786 種）（Williams, 1990）。

　　其實，以電腦系統找資料的原則並不難。只要找出關鍵字，並以其進行搜尋即可。舉例而言，所要搜尋的資料可能儲存在「心理學摘要」（Psychological Abstracts）的資料庫中，並以相關的關鍵字，如作者名稱等列於資料庫中。使用者只要將關鍵字輸入電腦進行搜尋即可，電腦會將所有與此主題相關的摘要列出，例如使用者需要知道與學習有關的資料，電腦就會搜尋所有與學習相關的資料讓使用者點選。只是這選單可能非常龐大，甚至可能會出現好幾千筆的摘要。

　　因此，若想精確迅速地找到所需的資料，正確的關鍵字及精確地選擇資料庫是為關鍵。很顯然地，如果使用像「學習」（learning） 如此常用的詞彙時，因常出現於報章雜誌中，可能會找到相當大量的相關資料。但其中可能有些並不符合使用者的需要。為了解決類似的問題，電腦軟體提供使用者組合性關鍵字（combine terms）、刪除不需要的類別（eliminate unwanted categories），及以階層性的歸類

（hierarchical searches）等方便篩選的使用功能。布林邏輯
（Boolean Logic，源自集合理論，現今使用在電腦搜尋作業
上的原則。）即為上述使用功能所應用。圖 6.1 即呈現此類
邏輯之原則。例如，兩個或兩個以上的關鍵字合併使用時，
可以用「AND」來表示。也就是說，當使用者用「AND 」
時，表示兩個關鍵字的交集才是使用者所需。再以「學習」
為關鍵字為例，使用者可以透過同時使用另一個關鍵字如
「老鼠」（mice），來減少點選單上的參考文章之數量。因為
以「學習」AND「老鼠」作為關鍵字，電腦必須找到同時符
合兩者的資料才會列出選單。

　　另外兩個用來定義搜尋範圍的用字，是「OR」和
「NOT」。OR 指的是只要符合兩關鍵字之一即可，如「學
習」OR「條件化制約」（conditioning）則表示凡符合兩者之
一，皆可列出於選單中，供使用者點選，而 NOT 則表示不
管其他的關鍵字是否符合，NOT 之下的關鍵字必須排除在搜
尋範圍內。例如「學習」NOT「人類」（human），表示資料
中必須排除與人類有關的學習事物。若是「學習」OR「條件
化制約」NOT 「人類」，則指非屬人類活動但與學習或條件
化制約相關的資料。使用 NOT 時需要非常小心，因為可能
會大量減少所搜尋的可參考資料。

　　許多電腦輔助的搜尋體系可以交互使用。因此，使用者
可以一個較廣義且數量較大的搜尋範圍為起點，再依照所需
慢慢縮小範圍。許多搜尋系統會顯示找到資料的數目，且可
瀏覽前幾項的文章，以便使用者找尋適合的資料。如果找到
非常大量的資料，而其中有許多可能不適用，那麼，就可使

用 AND 及 NOT 指令來減少選單上文章的數目。至於階層性的歸類方式，則可在仍需保留已找到的資料時使用，也可能在找到完全不符所需時使用。如果選單中的資料完全不符所需，則應另起爐灶，重新找一個更為合適的關鍵字進行搜尋。

另一方面，關鍵字的使用可能會因不同的資料庫而異。有些資料庫可能只有在關鍵字出現在標題時才列出；有些可能則是在標題或摘要中出現關鍵字時，即予列出。就像與法律事務有關的資料庫 LEXIS，事實上是以逐字搜尋的方式進行的。因此，對於不同資料庫特質的了解，也有助於使用者選擇恰當的關鍵字。這一點是非常重要的，畢竟在今日社會中，使用資料的是使用者本身，而不再是圖書館館員的工作。

然而，即使是功能強大的電腦系統，也可能會有遺漏資料的時候。可能是因為某些文章並未收錄於資料庫中，或可能是資料庫建立之前的文章。事實上，許多資料庫並未蒐錄 1970 年以前的資料。另外一個問題是，某些文章並非保存在該資料庫，而可能儲存於其他的資料庫，或者是此資料庫無法辨識某些使用者所使用的關鍵字，就無法找到期望的資料。因此，有必要對於檢選出來的結果進行檢查。例如，使用者應該檢查一下相關領域中的經典著作，是否包含其中。如若不然，轉換另一個新的關鍵字則是搜尋的必要之務。同樣地，由於大多數的資料庫皆可以作者名稱作為關鍵字，

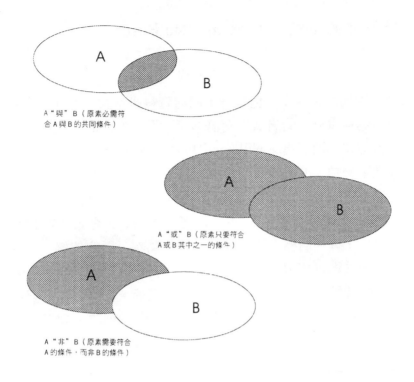

圖 6.1　布林操作邏輯

故此，亦可透過相關領域著名作者的名稱進行搜尋。看看是
否與以標題為關鍵字的搜尋結果相同。

資料庫的型式（Type of Data Bases）

　　不同的資料庫，也有著不同的資料庫型式。事實上，用來將資料庫分類的方式就有許多種，而所進行的研究，也隨資料型式不同而異（Williams, 1991）。資料庫可能依照文字或數字分類，也可能依聲音/錄音（此爲新的分類法）或影像等予以分類。而文字或數字的分類則可以再行次分類（subclassified）。舉例來說，前者可再依以下各類：諸如參考書目、專利商標、簡介或全文等作爲次分類的依據。而數字分類法則可依照以下特性的不同，再行次分類：如事務紀錄、統計數字，或時間序列與財產總值等。文字分類的資料庫，約佔所有線上資料庫的 70%，數字分類則約佔 26%。

　　資料庫製作商包括有政府部門、企業營利機關、非營利組織及學院組織等等。其中最具領導地位的還是一般企業，其佔有率高達所有資料庫的 68%（William, 1990）。諸如「型錄資訊服務」（Dialog Information Retrieval Service, DIALOG）及「紐約時報資訊服務」（New York Times Information Service, NYTIS）都是企業所提供的線上資料庫服務，專門介紹該單位所提供之資料庫，供民眾查閱參考。表 6.1 中所羅列的，即爲其中頗具代表性的線上資料庫名稱，惟此表並未窮盡所有的資料庫，因爲總數實在太龐大了，就連 COFFEELINE 也可代表咖啡工業情報的資料庫。

表 6.1
重要線上資料庫資源

ABI/INFORM （Abstracted Business Information）
超過 800 種商業與管理期刊文章的引文及摘要，每週更新，1971 年至今。

Accountants' Index
全世界之英文會計文獻，每季更新，1974 年至今。

Advertising and Marketing Intelligence（AMI）
主要貿易或專業期刊上之廣告或行銷文獻，每日更新，1979 年至今。

AGRICOLA
由國家農業圖書館所研發，包含所有圖書館藏的專業論文，每月更新，1970 年至今。

AIDS Database
所有有關 AIDS 的引文或摘要，每月更新，1983 年至今。

Alcohol Information for Clinicians and Educators Database
所有有關酒類事務及受虐資料，每季更新，1978 年至今。

America: History and Life
美加地區與歷史有關的資料，1964 年至今，雙月更新一次。

American Statistics Index（ASI）
美國聯邦政府單位所有統計報表摘要，每月更新，1973 年至今。

BIOSIS Previews
生活應用科學之期刊及文獻引文，每月更新四次，1969 年至今。

Books in Print
超過 1,000,000 種之將出版、已出版或絕版書的書目，每月更新一次，1979 年至今。

Business Tax Report
有關稅收的情報（全文），每雙周更新一次

CA Search
有關化學摘要，每雙周更新一次，1967 年至今。

Chemical Abstracts Service Source Index （CASSI）
超過 60,000 種化學摘要服務的書目，每季更新一次，1907 年至今。

Child Abuse and Neglect

與虐待兒童有關的研究計劃、出版品或法律事宜等資料，半年更新一次，1967 年至今。

COFFEELINE

有關咖啡業的各項期刊與文獻，每月更新一次，1973 年至今。

COMPUSTAT（Standard & Poor's Corporation）

記載 7,000 家公開交易公司、200 家工業公司、3,000 家研究公司的財務資料，每月更新一次。

Congressional Record

美國國會的公開審議過程的紀錄（全文），1985 年至今。

Dial-a-Fax Directory Assistance

全世界有關傳真機的資料，每天更新，1983 年至今。

Dialog Bluesheets

DIAGLOG 線上資料庫導覽，每週更新一次，1988 年至今。

Disclosure Database

收錄超過 12,000 股票上市公司的財務狀況，每週更新一次，1977 年至今。

Dissertation Abstracts Online

美國各大學的論文摘要，每月更新一次，1861 年至今。

Dow-Jones New （DIJ）

全世界即時商業金融情報，保留最近九十天，隨時更新。

Drug InfEo

與教育、社會、心理有關之酒精與藥物使用問題之期刊書籍文獻引文與摘要，每季更新一次，1968 年至今。

Economist's Statistics

國際經濟金融系列資料，1800 年至今。

Electronic Mail

零售業產品的物價行情，隨需要更新。

ENERGYLINE

與能源政策與科技有關之國際期刊與其他文獻，每月更新，1971 年至

今。

ENVIORLINE

與環保政策與科技有關之國際期刊與其他文獻,每月更新,1971 年至
今。

ERIC

與教育有關的文獻引文與摘要,包括研究計劃、報告,每月更新,1966
年至今。

Exceptional Child Education Resources(ECER)

有關特殊障礙學童的研究或文獻的引文與摘要,每月更新,1966 年至今。

Federal Grants and Contracts Weekly

與教育管理有關的聯邦補助計劃與合約(全文),每週更新,1982 年五
月至今。

Foundation Directory

超過 5,100 個資本高於 1,000,000 的主要基金會的資料,每半年更新。

Foundation Grants Index

高於 5,000 元以上之超過 300,000 種,來自 500 個基金會的補助資料,
每雙周更新,1973 年至今。

Government Publications Index

載於 GPO Monthly Catalog 之美國政府出版品索引,每月更新,1976 至
今。

Harvard Business Review Online

載於 Harvard Business Review 中文章的全文、摘要與索引,每雙周更新,
1971 年至今。

Historical Abstracts (HA)

除美加地區之外,其他國家的歷史文獻之摘要,每雙月更新,1973 年
至今。

Information Bank Abstracts

載於紐約時報及其他期刊的文獻。

INSPEC

物理、電工、通訊、電腦與資訊等世界性的科技文獻引文與摘要,每月
更新,1969 年至今。

Laser Disclosure

美國安全交易委員會（SEC）存檔之有關股票上市公司的安全資料的文獻（全文）、圖表與照片，每週更新。

LEXIS American Bar Association Library

ABA 有關保險法、專利、商標以及著作權之出版品（全文）。

Management Contents （MC）

有關公司主管智慧、勞工關係、市場研究及商事法等當代管理與商業期刊之引文與摘要，每月更新，1974 年至今。

MEDLINE

有關生物醫藥、牙醫、護理相關議題之國際期刊文獻，每月更新，1966 年至今

Mental Health Abstracts

有關心理健康與疾病之國際期刊書籍研究報告之引文與摘要，每月更新，1969 年至今。

MLA International Bibliography

有關現代語言、文學、語言學、小說等研究成果，每月更新，1964 年至今。

National Master Specification

有關海事、重工程及一般性全國建構計劃的規格（全文），隨時更新。

National Newspaper Index

全國性五大報紙的與頭條、商業新聞、政治有關的所有文章，每月更新，1979 年至今。

The New York Times （NYT）

最近的城市版與周日版內容（全文），早上更新，1980 年六月至今。

NTIS Bibliographic Data Base

政府資助之計劃、發展、合約與受補助者的分析與書目，每週更新，1964 年至今。

ORBIT

研究計劃服務資料，隨時更新。

PAIS International

與商業、法律、社會科學有關之公共事務與公共政策文獻之引文與摘要，每月更新 1972 年至今。

Pharmaceutical News Index （PNI）

美、英、日主要的醫藥業通訊的索引，每週更新，1974 年至今。

Philosopher's Index
哲學期刊之引文與摘要，每兩月更新，1970 年至今。

Pollution Abstracts
環保污染相關之國際科技文獻的引文與摘要，每雙周更新，1970 年至今。

PRIZM Neighborhood Cluster System （Claritas）
美國各社區之 40 種類型的生活方式資料（數字資料）。

PsycINFO Abstracts
心理學相關的國際文獻之引文摘要與索引，每月更新，1967 年至今。

PTS F&S Indices
世界經濟、社會政治活動及世界性商業新聞的文獻期刊之摘要，每週更新，1972 年至今。

SCISEARCH
自然、物理、生物科技之國際文獻引文，每雙周更新，1974 年至今。

SMARTNAMES Consumer Database
全美五十州之 1,220 萬的客戶家計資料（統計資料）。

Sociological Abstracts （SA）
社會學及行為科學有關之國際期刊文獻之引文與摘要，每年更新五次，1963 年至今。

Space Commerce Bulletin
太空相關商業之行情（全文），每雙周更新，1984 年六月八日至今。

World Food and Drink Report
世界食品飲料法規及新產品介紹，每週更新，1989 年至今。

使用線上電腦查詢的成本不一。使用某些特定資料庫時必須負擔版權稅，而使用電腦的時間也需另予計費。一般來說，索取企業單位所製的資料庫，一小時的費用約為 150 美元起。但若為一般大學的圖書館，或非營利事業組織會比較

便宜些。由於一般搜尋資料的時間約為 15 到 20 分鐘，因此成本並不會太高。事實上，就長期而言，與目錄式查詢的方式比較起來，以電腦查詢算是較為划算的呢！況且大多數的大學圖書館、一般企業及公立的圖書館都有線上資料庫的資訊服務，使用上極為方便。研究者亦可以透過 CompuServe 與 Genie 等服務軟體找到所需的資料庫。

原始資料之資料庫（Sources of Raw Data）

　　如前述，某些原始資料也是可以供研究者參考的。另外，關於此類資料庫的簡介資料，也可一併供研究者備用。表 6.2 所列，即為此類資料庫的幾種代表作。舉例來說，Datapro Directory of On-Line Services 就是一種尋找原始資料庫的簡介系統。其中包括了各資料庫的性質介紹、價格、應用範圍及資料庫型式、更新的頻率及資料庫所涵蓋的規模等等。在投入研究之前，判斷是否可以找到有效的資料庫是非常重要的工作。也許蒐集此類資料的目的不一，但是倒是可以應研究者所需，應用在不同的研究目的之下。

　　對學院內及非營利組織的研究者來說，「大學校際協會的政治與社會研究資料庫」（Inter-University Consortium for Political and Social Research）可能是最有價值的資料庫了。該協會由超過 260 家之大專院校共同會員設立的社會科學原始資料庫，且可應用超過 500 種以上的資料檔，包括了：

A. 美國普查資料（U.S. Census Data）

B. 當代人口調查（Current Population Survey）

C. 家計調查年刊（Annual Housing Survey）

D. 所得動態固定樣本調查（Panel Study of Income Dynamics）

E. 超過 130 個國家之歷史性與當代性的普查與調查資料

F. 將城鎮資料簿（Data Book）就各地區的特性而製成的電腦紀錄

G. 自 1789 年後至今之所有的國會及議院議員選舉紀錄

H. 全美選舉研究（American National Election Study）

I. 自 1972－1980 年之一般社會調查

J. CBS/紐約時報，ABC／華盛頓郵報及 Harris 組織所作的民意調查報告

K. 就業品質調查（Quality of Employment Survey）

L. 勞動市場經驗之全國縱貫性調查（National Longitudinal Survey of Labor Market Experience）

M. 退休史縱貫性調查（Retirement History Longitudinal Survey）

表 6.2
電腦資料檔案導覽

BLS Machine Readable Data and Tabulating Routines
由勞工統計局所製的軟體資料。

Computer-Readable Data Base : A Directory and Sourcebook
描述 5,578 種國際性資料庫,每三年更新一次。

Database Directory
北美地區所製之超過 3,000 種的資料庫介紹,包括全文、數字、詩、書
目及參考性書目。

Datapro Directory of On-line Services
介紹超過 900 家以上公司所提供的線上服務,2,800 個資料庫及其產品。

Directory of Datafiles
介紹普查局所有的資料,並介紹索取的方式。

Directory of Federal Agency Education Data Tapes
介紹初等教育與後中等教育、人口統計、健康福利、人力資源的統計資
料。

Directory of On-Line Databases (Cuadra)
包括 4,400 種線上書目或非書目性的資料庫,非書部分是數據、統計
資料庫。

Direcotry of On-Line Information Resources
介紹 600 種美加地區的資料庫。

Information Industry Directory
有關電子型式資料的產量與分配之約 4,600 種組織、系統資料。

N. 全國犯罪調查(National Crime Surveys)

O. 超過 40 種以上之戰爭及外交政策資料

P. 40 種與健康有關的議題

Q. 24 種與教育有關的議題

除了美國普查資料的協會會員必須付年費之外,所有的

備詢資料皆不另外收費。此協會的總部在密西根大學的政治研究中心（Center for Political Studies at the University of Michigan）。

然而，使用此類資料必須小心可能發生的問題。首先，資料可能無法在不同的電腦中互相轉換，即使可以，也常常必須重新調整規格或改變格式。其次，並非所有的資料庫都完整地記載資料蒐集及編碼的過程，而可能有所缺漏。第三，資料本身可能並未符合所要進行之研究的格式需求，或資料整合與分類的方式可能與研究需求不符，也可能所使用的軟體無法處理所蒐集到的資料。最後，於第二章中所提及之資料評估的問題，也必須在使用原始資料庫時予以考量。雖然存在以上的可能問題，但是原始資料之次級資料庫，也爲研究者提供很大的益處，因爲可節省一筆蒐集資料的經費。此外，由於此類資料庫製造者有資源共享的觀念，對資料蒐集及檢查過程產生了進一步的確認，對更廣大使用資料的研究者來說也是一大福利！

摘要

本章概括地介紹了取得電腦輔助資料的方法。首先，以實例示範了使用布林邏輯，作爲更有效搜尋文獻的原則。第二則是透過電腦資料檔的簡介與導覽，介紹了依不同原則分類之資料庫的型式與名稱。最後，則討論了諸如密西根大學

政治研究中心之原始資料的使用方式。

7

唯讀光碟片（CD-ROM）的應用

　　利用電腦存取資料，不再需要透過數據機連接主機才能取得了。唯讀光碟片（CD-ROM）技術的發明，使得使用者可以直接在自己的個人電腦上，讀取磁片上的資料。本章將介紹此種科技，以及取得相關可用資源的方式。

　　　最近有一位作者，接到如下的來信：

親愛的行政主管：
　　歡迎您進入桌面行銷（Desktop Marketing）的年代！
不久前，購買客戶名冊，必須透過供應名冊的公司提供。若您的數量不大，您仍必須支付基本費用，而且還得等上三週的時間才能拿到。

繼之而來的一大進步，是電腦磁片的使用，但您仍必須選擇所需購買的名冊為何。然而，充分展閱一組資料庫以選擇合適的客戶名單，幾乎是不可能的。也許大公司可以做到，但是他們也必須擁有價值百萬的主機，及程式設計人員加以維護及使用，才能辦到。一般人是很難支付此龐大的成本的。但是，現在不同了。

　　現在，您若考慮透過唯讀光碟片科技的使用，可以將 920 萬筆有關美國商業的所有的資料，搬到您的書桌前，供您使用。您所需要的裝備，只是一台個人電腦及唯讀光碟片的驅動器。使用敝公司的產品，您可以對您的市場行情進行研究、製造統計數據、事先瀏覽客戶名單，而後制定決勝商場的行銷策略。一旦您決定之後，您就可以輕鬆取得寄廣告信函的名單，電話行銷或銷售性的活動。

　　而且，您能很快地取得並且完全掌控您所選擇的資料，不需要支付基本費用，也不需要等待，我們則負責為您移除商業與行銷活動的任何絆腳石！

上述此篇信件，道出了使用唯讀光碟片（CD-ROM，Compact Disc, read-only memory）優於其他資料庫的好處。唯讀光碟片除非是儲存了數位式音樂檔案外，就像是儲存了五年來的銷售紀錄似的，儲存空間非常龐大。一個獨立的唯

讀光碟片可以儲存約 600 個百萬位元組的資料（大約等於
1,800 個軟碟的空間）或者等於 250,000 頁以上的手稿。您
若要進入唯讀光碟片系統搜尋資料，必須要有一個唯讀光碟
片的驅動器，且與個人電腦連接（或與公立圖書館連接），
此驅動器除了透過連接線與電腦放大器連接以外，看起來就
像普通的磁碟機一般。只是，所使用的軟體，必須與磁片資
料的系統相容，得以有效使用。

使用唯讀光碟片科技的優勢

　　首先，唯讀光碟片提供了快速、明確又相對便宜的蒐取
資料的方式，使得人們可以不再耗時耗力地搜尋大量的書
籍，以找到所需的資訊，而是透過電腦軟體的說明，在幾秒
鐘內就可進入整個資料庫系統進行搜尋。特別是，相對於線
上資料庫而言，唯讀光碟片的方式既便宜又快速。線上資料
庫的搜尋成本，可能高達每小時 300 美元。

　　兩者主要的差別在於，唯讀光碟片不需支付長途電話費
及上線費用，研究者可以盡情地在 CD 上搜尋，而不必因此
支付額外的成本。唯讀光碟片最有利之處則在於，使用者通
常只需繳年費或繳費一次，即可無限制使用（表 7.1 所羅列
者，即為一系列可以唯讀光碟片搜尋的資料庫）。通常使用
者會定期地，可能是每週、每月或每季，收到最新資訊。而
非屬訂戶使用的唯讀光碟片，功能則相對較

表 7.1
唯讀光碟片型式之自製資料庫系列

American Psychological Association
包括酸雨摘要、美國兩性科學、物理與生物科技，正要出版書籍書目，CAD-CAM 摘要、能源資料摘要、心理學摘要等。

R.R. Bower
包括美國圖館導覽、人工智慧摘要、美國研究科技導覽、機械摘要。

BRS Software
包括醫療索引、牙醫文獻索引、美國政府期刊索引、國際護理索引。

Congressional Information Service（CIS）
包括三部份，議會主要檔案 1、主要檔案 2、統計主要檔案（Congressional Masterfile 1, Masterfile 2, Statistical Masterfile 。

Dialog Information Services
包括加拿大商業索引、工程月刊年刊索引、醫療索引、牙醫索引、護理索引、NTIS 書目資料庫。

Disclosure Information Service
Compact D/SEC 記載超過 12,000 股票上市公司的安全交易資料。

Dun's Marketing Services, Inc
Dun's 於 1989 年八月宣告成立 Million Dollar Directory 的唯讀光碟片（CD-ROM），包括全美 180,000 家公司的資料。

Institute for Scientific Information
社會科學資料索引。

Moody's
主要有三種產品，Moody's 5000 記載紐約股市資料；Moody's OTC Plus 記載 NASDAQ or OTC；Moody's International Plus 為非美國的公司資料。

OCLC
包括當代教育期刊索引、NTIS 書目式資料庫、重要水資源摘要。

SilverPlatter Information Inc.,
包括農業書目、生化摘要、教育期刊索引、醫療索引、Peterson's Guide to Graduate Professional Programs 等等。

Standard and Poor's　Compustat PC Plus
超過 12,000 家公司的成長率利潤估計等資料。
W.W. Wilson
包括應用科技索引、生物索引、一般科學索引、人文科學索引、法律期
刊索引、美國政府期刊索引等等。

弱，但是也更為便宜而較適用於一般大眾。（例如，稱為「微
軟書架」（Microsoft Bookshelf）的唯讀光碟片產品，可能在
一磁片中，即包含了字典詞典（thesaurus）、年鑑（Almanac）、
檢查錯字的軟體（spell checker）、Bartlett's 的常用引文
（Bartlett's Familiar Quotation）、Chicago 風尚手冊（Chicago
Manual of Style）及郵遞區號目錄（Zip Code Menu）等內容。
另一項微軟公司的產品 Statpack，也是集結了有關人口統計
學、工業及經濟類資訊，例如「美國統計摘要」（Statistical
Abstract of the United States）等資料庫。此外，名為 Grollier's
百科全書的唯讀光碟片（CD-ROM），則是包含了 20 冊百
科全書 30,000 篇文章的資料庫，以及含有 252,000 主要用
字的牛津英文字典等等。而這些 CD 的市面價格，不到美金
400 元。

　　另一個使用唯讀光碟片的優點就是，您可以更為妥善控
制所蒐集的資料。當您在螢幕上搜尋資料時，您可輕易地按
照選單內容，選擇您所需要的類別。舉例來說，「Compton's 多
媒體百科全書」（Compton's Multimedia Encyclopedia）即可
提供使用者，諸如概念搜尋（Idea Search）、標題搜尋（Title
Finder）、世界地圖（World Atlas）、科學性文章（Science

Feature Articles）及研究者小幫手（Researcher's Assistant）
等不同的方式進行搜尋。另外，每一項下各有許多特定的副
標題供選用，直到找到相關資料爲止。而「商業總表」
（Business Lists-on-Disc）中，則提供訂戶得以經由商業類別
（以 SIC 碼或黃頁查詢簿的標題爲分類依據）、職員人數、
公民選舉權、商標或專業類別、地理區域與公司名稱等不同
管道，找尋所需資料的服務。

　　此外，由於唯讀光碟片中所含的資料，係不得加以變
更。因此，不會產生資料不小心被刪除的問題，相較於一般
磁片，存有較高的穩定性與永恆性，又因爲其製作過程，乃
用鋁光漆覆蓋塑膠磁片之上，因此不會受到磁場干擾，打翻
的咖啡或牙膏也不會沾染而破壞資料，對於嬰兒來說也是安
全的。最後，唯讀光碟片更新資料的速度很快，只要將新的
檔案重新灌入，使用者只要丟了舊唯讀光碟片，直接用新的
即可，非常方便。

使用唯讀光碟片科技的限制

　　雖然唯讀光碟片有如上的優勢，但是也有其限制。首
先，要使用唯讀光碟片必須要有唯讀光碟片的驅動器，其主
要的製造廠爲 Sony, Chinon, Denon 及 Hitachi 等等，造價
從 300 美元到 800 美元不等。此外，如前述，使用者也必
須要有足以驅動唯讀光碟片磁碟機的軟體，以便搜尋資料。

而學習如何進行軟體操作，也需要一段時間來熟悉。其次，某些情況下唯讀光碟片的資料可能會比線上資料庫更舊一些，雖然唯讀光碟片的資料會定期更新，但還是比線上資料庫較慢。最後，唯讀光碟片資料庫裡可能會找不到你所需要的資料。

唯讀光碟片之應用

唯讀光碟片最常被應用在需要搜尋大量資料時。關於此點，已在唯讀光碟片優勢一段討論過。此外，使用唯讀光碟片最顯著的效用，則是節省成本。試想，若需將大量報告寄給眾客戶，其成本有多驚人！雖然製作唯讀光碟片主片需花費 1,500 美金，但每多一片的成本，則只需美金 2 元。隨著所需印製報告的數量增加，則紙類、影印、勞工及郵費等費用，將會遠超過磁片本身的成本。舉例來說，Mack Truck Inc 公司近來將多達 875,000 頁的使用說明，轉為唯讀光碟片型式，寄給世界各地的經銷商。試想，一個熟練的櫃檯人員，平均需用 14 分鐘找到手冊上的 10 個項目，而一個生手，則平均只用 90 秒，就可在唯讀光碟片中找到所需的項目，增加了近十倍的效率。

現在，已有超過 500 種的唯讀光碟片資料庫，廣泛地提供各項商業及專業所需。即使是美國政府，也要跟進此趨勢，不久的將來，1990 年的人口普查資料，就要以唯讀光

碟片的型式問世了，而 1982 年的零售交易普查及農業普查，也在最近轉爲唯讀光碟片的資料庫了。唯讀光碟片資料庫的應用，著實廣泛，它可以幫助一個醫生開藥方，也可以幫助一位律師找到相關的法條依據。其中,約三分之一（36%）的唯讀光碟片資料庫,是有關法律、醫藥或商業的,34% 則是屬科技類,而 27%爲一般性資料,3%爲藝術及人文科學。若以使用資料庫的研究發現及分類的原則,作爲資料參考、資源或索引（由 Nichols & Van Den Elshout, 1990 所建議）,則目前約 45%的產品,皆可以其所含之全文或數字資料、電腦軟體、影像或聲音、地圖或圖表、以及字典與百科全書等等作爲資料庫的資源。其中包括了「中情局寰宇蒐奇」（CIA World Fact Book）、「CMC 醫學年鑑」（CMC Medical Yearbook）、「房地產交易資料庫」（Real Estate Transfer Database）、「農業普查及普查局資料磁片」（SilverPlatter's Disc America） 及「世界氣象資料磁片」（World Weather Disc）等（詳見表 7.2）

　　索引資料庫佔唯讀光碟片資料庫的 31%,其中多由參考書目紀錄、期刊文章、各式專論或其他的出版品（包括圖書館目錄及 MARC 資料）等所組成的。例如：SilverPlatter's ，AIDSline， ERIC， Medline Professional ，AV online， CD Music Guide 及 Nursing InDisc（詳見表 7.2）等。最後,24% 的唯讀光碟片（CD-ROM） 則爲作爲參考書目的資料庫。包括各式導覽（城市查詢、電話查詢、人物介紹及其他類型等）,及非以參考書目出現的各式目錄,例如「Compton's 多媒體百科全書」（Compton's Multimedia Encyclopedia）、

「McGraw-Hill's 科技文獻參考」（McGraw-Hill's Science and Technical Reference Set）等，以及「國家導覽」（National Directory）、「美國電話資料磁片」（PhoneDisc USA）、「文獻參考圖書館」（Reference Library）、「Peterson's 學院資料庫」（Peterson's College Database）（詳見表 7.2）等等。

摘要

本章討論了許多使用唯讀光碟片的優點，具體來說，唯讀光碟片使得搜尋資料更快速、精確，也更為便宜，更可妥善控管資料，並且也提高存取資料的安全性（如不易遺漏資料）。然而，使用唯讀光碟片仍需投資一定的時間與金錢，在唯讀光碟片、驅動器的採買及學習使用驅動軟體上。最廣為應用唯讀光碟片的時機，是在於存取大量資料之時。本文中，也羅列了特定廠商所應用的唯讀光碟片資料庫，作為例證。目前已有超過 500 種以上的唯讀光碟片供民眾使用。

表 7.2
唯讀光碟片型式之重要資料庫系列

資科系源庫（Source Data Bases）
Census of Agriculture
自 1987 年後之農業普查資料。
Census Bureau Disc
1982 年起之零售業與農業普查資料
CIA World Fact Book
包括 248 個鄉村介紹關地理、氣候、海事、自然資源、語言、教育等等
資料。
CMC Medical Yearbook
包括 12 個醫療年鑑之全文。
Real Estate Transfer Database
包括麻州與康州之八年內房地產交易的紀錄，超過 500,000 的紀錄。
SelverPlatter's DiscAmerica
全美超過 8 千萬的住宅資料。
TIGER/Line
以 TIGER 資料庫為基準之地理製圖資料。
World Weather Disc
全球氣候資料。
Index Data Bases
AV Online
國家教育媒體中心的影視資料。
CD Music Guide
超過 50,000 不同 CD 片的評論文章與紀錄。
Nursing InDisc
24 種語言，517 種期刊，26 年的護理文獻資料。
SilverPlatter's AIDSline
與 AIDS 有關的疾病資料。
SilverPlatter's ERIC
與教育相關文獻有關之書目式資料。

SilverPlatter's Medline Professional
臨床醫療文獻資料庫。

參考資料庫（Reference Data Bases）

Compton's Multimedia Encyclopedia
8,874,000 字的百科全書，包括 15,000 的圖片等資料。

Mcgraw-Hill's Science and Technical Reference Set
包括 McGraw-Hill's 百科全書及科技用語字典。

National Directory
美國各地及世界各地之重要地址、電話、傳真資料。

Peterson's College Database
超過美加地區 3,000 所大學學院之介紹。

PhoneDisc USA
全美地區之電話查閱簿。

Reference Library
包括下列各出版物之全文：Webster's Dictionary and Thesaurus; New York Public Desk Reference; 20th Century History Guide; Business Form; 及 Webster's New World Dictionary of Quotable Definitions.

8

次級資料研究實際實例

本章以兩個實例說明使用次級資料庫時所可能發生的問題。其一,為一典型的學院研究可能發生的狀況。其二則為一般工業可能發生的問題及解決之道。

本書前七章主要在闡述次級資料庫之資源特質、資料評估及取得資料的各種管道。然而,大部分敘述皆為較抽象且籠統的概念。本章則在於利用兩個具體而微的例子,實際說明次級資料使用的情形。縱然此兩例並無法代表所有使用次級資料的狀況,但的確可為實際經驗提供參考。

例一：中美洲鄉村居民的商業經驗

　　某位州立大學的人類學家，欲進行開發中國家與已開發國家之貿易方式的比較研究。由於此學者之前有過研究中美洲地區的經驗，對於當地語言及民情風俗，有一定程度的掌握，故選擇此區研究。由於此學者必須先撰寫研究計劃以爭取旅費等研究經費的補助。所以，她必需取得兩項必備的資訊。第一，她必須先提出此研究的主要貢獻；第二，她必需先對相關領域進行必要的文獻探討。

　　首先，她透過「研究補助註冊資料年刊」（Annual Register of Grant Support）搜尋可作爲研究補助的資源，她在人類學和拉丁美洲索引的項目下，找到幾處可能的資助來源，其中包括了「Wenner-Gren 人類學研究基金會」（Wenner-Gren Foundation for Anthropological Research Inc.,）、「國家科學基金會」（National Science Foundation）、「國家人文科學基金會」（National Endowment for the Humanities）。之後，她便陸續致函上述各單位，且附上她對於此議題的各項文獻探討資料。

　　而其進行文獻探討的管道，包括了由 CompuServe 資料庫所提供的線上資訊「IQUEST」。此資訊服務可以最短的時間，依讀者的關鍵字，搜尋數個不同的資料庫，她先合併使用「鄉村」（rural）、「中美洲」（Central America）兩個關鍵字，進行「論文摘要」（Dissertation Abstract）及「社會學摘要」（Sociological Abstract）兩資料庫的搜尋工作。

另外，也以「商業」（commerce）、「貿易」（trade）、「經濟」（economics）及「市場行銷」（marketing）與「中美洲」（Central America）等字合併使用進行搜尋。為了確保搜尋資料時，不會出現非當代的經濟行為，她使用 NOT 的搜尋邏輯，剔除了有關古代、前殖民時期及殖民時期等經濟活動的部分。最後，她使用中美洲一大主要部族——Quiche 族作為關鍵字，進一步搜尋相關資料。不到十五分鐘，所有的查詢即告結束。該學者接著要求圖書館印出將所有她有興趣的摘要或全文寄給她，而其他明顯有關的文章及資料則立即印出備用。

　　在等待圖書館寄資料給她的同時，她繼續在她任教的大學圖書館內搜尋其他的資料庫，她查閱許多關於人類學文獻的索引資料庫，包括了「人類學摘要」（Abstracts in Anthropology）、「人類學文獻」（Anthropological Literature）、「社會與文化人類學國際參考書目」（International Bibliography of Social and Cultural Anthropology）等，她使用不同的印地安部族名稱，以及有關中美洲之商業、貿易等主題進行搜尋，也找到了許多相關的文獻。接著，該人類學家再透過「社會科學著名引文索引」（Social Science Citation Index），以該領域中著名的學者姓名作為搜尋的關鍵字，以確認這些學者的重要文章沒有遺漏。

　　最後，她向館員諮詢，以確認其是否漏掉任何重要的文獻。諮詢員建議她，繼續查閱 Redgrave 出版公司的幾項出版品，例如「實用人類學：應用人類學編年參考書目」（Anthropology in Use：A Bibliographic Chronology of the

Development of Applied Anthropology)、 「人類學參考書目：精選導讀」(Anthropological Bibliographies : A selected Guide) 及「人類學系列出版品介紹」(Serial Publications in Anthropology)。此外，諮詢員也建議她再查閱兩本與拉丁美州有關的書籍：「拉丁美州研究手冊」(Handbook of Latin American Studies)、「西裔美人期刊索引」(Hispanic American Periodicals Index) 等。這些文獻都是一個人類學家在研究初期不應該錯過的資源。

　　隨後一周內，該學者就收到了委託圖書館代印的文獻，以及其他她想要的資料，而在很短的時間內，非常有效率地完成了所有文獻蒐集的工作。

例二：一個健保組織的實例

　　某保險公司將部分產品提供給某健保組織，以確認其所開發的產品是否符合潮流所需。因此，該組織便受託成立研究計劃小組，分析後必須在兩週內向其主管提出報告。初步的研究僅止於紙上談兵。分析人員遂向財團法人設立的圖書館諮詢員詢問有關健康保險業（ Health Care Industry ），或更具體地說，健保組織（ Health Maintenance Organization, HMO ）的業界情報。諮詢員建議從電子資料庫開始進行搜尋。

　　首先，圖館諮詢員進入一個線上資訊服務，「對話資訊服務」(Dialog Information Service)，最先出現的是 FINDEX 資

料庫，它是一份可銷售的市場研究報告，許多商業性的刊物經 FINDEX 確認背書後，皆可帶來無限商機，如：

「醫學與保健市場導覽」（Medical and Health Care Marketplace Guide, 1990），1990 年由 Middlefield 的 Theta 公司發行；「HMO 業界資訊」（HMO Industry, 1990），1990 年由「華爾街周刊」（Wall Street Journal） 發行；「美國保健業之未來發展」（Future of Health Care Delivery in America, 1990）1990 年由紐約市之 Berstein 研究單位發行。

　　許多較舊的報告也可經此資訊服務尋獲，例如，由「國家醫藥圖書館」（National Library of Medicine）負責維護的「健康計劃與管理資料庫」（ Health Planning and Administration data Base）。同時，線上資料庫也提供 HMO 200 種以上的參考資料，並由研究分析人員印出備用。
　　研究人員選擇的第三種資料庫，是由位於加州 Belmont 的資訊服務公司（Information Access Company）所授權的「工業資訊資料庫」（Industry Data Sources Database）。民眾可經由 DIALOG 進入此資料庫。它是由顧問公司發行之有關 HMO 的報告，包括由紐約市之 Frost and Sullivan 公司所授權的兩份業界情報，分別發行於 1984 年與 1985 年。此資料庫也可按照涵蓋範圍較廣之保健業 SIC 碼（800010），或範圍較小之健保組織碼（80001304）進行搜尋。

最後，透過 DIALOG 研究人員也搜尋了「市場行銷預測及廣告諮詢服務」（Predicasts Marketing and Advertising Reference Service）資料庫。其中包含了與 HMO 有關的市場行銷與廣告趨勢分析，例如：

「團體健康醫療之『選擇』所顯示 HMO 與保險賠償業界的市場潛力反應」（Health Care Marketing, May 1991, pp8-10）；「住院病人使用率趨勢分析」（Research Alert, Jan 18, 1991），以及「特定行銷創造健康樂趣」（Health Care Marketing April, 1991 pp18-19）。

研究人員接著搜尋了圖書館本身所訂閱的刊物，例如「商業索引」（Business Index）、「商業期刊索引」（Business Periodicals Index）等，在 HMO 的標題下，找到許多相關文章。在「美國工業綜纜」（U.S. Industrial Outlook）中，也有幾篇文章討論健保與醫療服務的問題。另外也找到一些文獻有關該產業成長率的資訊，以及許多政府出版品之參考文獻。

最後，研究人員參考了「健保管理研究摘要」（Abstracts of Health Care Management Studies）、「醫療管理研究摘要」（Abstracts of Hospital Management Studies）等資料庫。另外，也找了其他資源，如「HMOs 集團與 IPA HMOs」（Group and IPA HMOs）、「已有十年歷史之哈佛社區計劃」（A 10-year history of the Harvard Community Plan）、「最早 HMO 研究機構之一」（One of the earliest HMOs），及由「美國團體健康協會」（Group Health Association of America）所出版的「國家 HMO 集團之金融與行銷」（Finance and Marketing in the Nation's Group HMOs），以及幾篇有關健康管理的期刊。

　　由於研究人員已經找遍了所有他知道的資源，也尋盡了圖館諮詢員所建議的資料庫，下一步就是搜尋統計數據了。導覽上建議使用「百科全書協會」（Encyclopedia of Associations），查詢所有經其認可的健康與醫療之相關協會單位名稱及業務。因此得到了許多額外的文獻資料、第一手的政府部門報告等。列於此協會百科全書的名單中之一的「國家保健代替機構雇主協會」（National Association of Employers on Health Care Alternatives, NAEHCA），則是前身為「國家 HMO 協會」（National Association of Health Maintenance Organizations）的單位。該組織是由關心員工之健康維護的財團法人所成立的，其所發行的出版品為 HMO 調查年刊。只要打電話到該組織，即可獲得最新的調查報告及許多有用的資源。NAEHCA 並且建議研究人員聯絡「美國醫院協會」（American Hospital Association）並參閱「保險期刊索引」，以獲取更多的資料。自「美國醫院協會」手中，研究人員即得到了「美國醫院協會之保健相關議題手冊」（American Hospital Association Guide to the Health Care Field），而「保險期刊索引」則是提供許多額外的收穫如下：

　　「即使獲利，HMO 也不會在 Mudville 找到樂趣（National Underwriter: Life and Health/Financial Services, Oct 10, 1991, p.34）；「加州仍然是 HMO 的溫床」（National Underwriter: Life and Health/Financial Services, Sept 10, 1990, p.42）；「藉由 HMO 新的選擇，以賠償計劃取代沒有希望的

等待」(American Medical News, May, 6, 1991 p.11)。

　　至目前為止，研究人員已經找到了非常多的報告與資訊，包括組織交易的原則、相關的學術與商業出版品、有關此業界的各項預估及主要的競爭對手與政府的相關規定。接著，研究人員即著手整理撰寫研究計劃報告。報告出爐後效果良好。該研究人員因此被指派為生產計劃主管的助理，也同時變成了 HMO 領域的專家！

9

次級資料的使用與整合

　　雖然從標題即可掌握所需搜尋的資訊內容，但若要回答某個特定問題，卻需將不同的資料加以整合始可得知。本章即在於討論與資訊整合有關的概念及統計運作方式。

　　搜尋與主題相關的資訊只是使用次級資料庫的第一步。如未進一步整理，很可能會在一堆資料中迷失方向。然而，將大量資料排序整理並非易事，特別是當不同的資料庫所使用的方法有所差異，或不一致，或有所節略時更難。舉例來說，Asker 與 Day（1990）兩學者指出使用單一資料的限制時說到，「不同資料庫所呈現之不同的結果，令人懷疑其研究發現的可靠性。」（p.145）事實上，使用次級資料常發生的問題，即在於整合各種不同資源的發現與結論。整合資料的能力非常重要，這項技能在十五年前，還被質疑其缺

乏客觀性而不被接受（Glass, 1976）。因此，許多使用次級資料的研究者，時常因爲花費許多功夫找資料，但卻無法加以運用而感到沮喪。本章的焦點即在討論資料整合的技巧，其中包括兩大主要議題。第一，如何使用現存的資訊回答至今尚未有明確答案的問題。第二，如何將次級資料併入研究架構之中。

如何從次級資料中找尋答案

　　雖然次級資料庫本身不能回答研究者的特定問題，但研究者可將資料拼湊以得到答案。對許多的問題而言，所需的可能只是一個大概的數據，那麼，現存資料庫的資料或許可以滿足此目的。例如，某些組織最常見的問題是預測市場潛力——市場上是否存在足夠的客源以支持我們的生產及服務？企業機關在推出新產品時，需要面臨此一問題，學院人士在提出新的研究計劃時，也需要面臨此問題，而政府管理部門在提出新的政見時，更需要面臨此問題。通常這個問題，可簡化爲理論上的問句，「市場需求是否可達到 x 的量」？

　　試想以下計算方式，1970 年代中期有一家大公司，有意了解寵物食品的市場需要——乾濕兩類狗糧。當時，市場上並沒有類似的食品，那麼市場上是否會有很多人，將乾濕兩類狗食混用，或將罐頭狗食與濕類狗食混用呢？由於此時在市場上推廣此觀念尚爲太早，該公司並沒有意願編列研究

預算。雖然，對寵物主人進行調查研究，可能可以回答上述問題，但是，成本可能高達數千元！甚至，如果需要進一步發展調查的問題，也需要等上幾周的時間才能得到調查結果。所以，使用次級資料分析來回答上述有關市場需求的問題，便成為最容易的方式了。該公司搜尋到以下的資料：

1. 自獸醫醫藥文獻中，發現了每天應該餵食一隻狗的份量、類型（乾、濕或半乾半濕）、年齡、體重及狗的品種等資料。
2. 自該公司之廣告經紀代理每年所作的調查報告發現：
    A. 全美擁有狗的家庭比例。
    B. 每一家庭擁有狗的數量、體重及品種等數據。
    C. 狗食類型。
    D. 使用不同狗食類型的頻率。

假設，每天會餵狗兩種或兩種以上狗食類型的狗主人，是混用不同類型狗食的潛在客戶，那麼，將上述調查與獸醫醫藥文獻的資料整合，用簡單的乘法即可得知新產品的需求預估值，其結果乃超出狗食總銷售量的 20%。因此，進一步發展和測試新產品的研發即為可行的。

就如上述實例，使用次級資料時，通常需要配合特定的假設。此類假設通常是合理的，但基本假設的變更，也會影響變項對推論結果的敏感性。敏感性對於考量是否需要更多資訊，或是否需增加結論的可信，是非常有幫助的。如上例，

若改變假設而認為潛力客戶之狗主人的數量為原始數量的十分之一，並不會改變繼續研發新產品的決策。在此情況之下便不太需要進一步蒐集資料，即可作出結論。

如何運用現有的資料作為初期研究的藍本

在許多情況下，必須進行新研究的初期研究。因為現有的資料可能不適用於正要進行之研究的目的。但是，次級資料可以用來產生試驗性的假設、預估基準率、發展先驗命題、設計測量工具以及抽樣計劃。

設計初期研究時，通常需要依賴先前研究累積的成果。舉例來說，先前研究即可作為測量工具的範例參考。這些從前使用過的工具，可能只要稍加修正就可以應用在新的研究上。事實上，從現有文獻借用問卷或測驗項目是非常稀鬆平常的事。其優點不僅在於減少發展新研究工具的精力，對於增進新舊研究的相容基礎也有很大的幫助。然而必須注意的是，雖然整個問卷或測驗項目可以借用，但屬於公開產業使用的特定測驗項目及問卷，乃是有版權，不可隨意借用的。按照研究倫理，若需借用，即使是未經法律明文保護的研究，也必須指明出處。而若需借用整個問卷則必須徵得作者的同意。

先前研究最大的幫助在於抽樣設計的參考。決定抽樣數目（觀察數量）是否可達既定的精確度，乃為母群體中可觀

察變項的主要考量。因此，可以經由次級資料庫的資料決定所需精確度的標準。甚至，此類訊息更可作為設定抽樣預算的參考。Neyman （1934）曾有過探討以先前研究作為設定研究預算參考。以下說明如何使用次級資料庫設計抽樣計劃：

假設當某一研究的母群體是由幾類不同的次類別所組成，每一組皆因所代表的面相不同而有所差異。研究人員可能會在組間變異性較大時採用較多的抽樣數目，而在組間變異性較小時採用較少的抽樣量。此過程即為分層抽樣（stratified sampling）。例如，某研究人員假設，在中上階層家庭組的消費理性差異大於中低階層家庭組，那麼便有必要對於中上階層家庭抽取較多的樣本。母群體的參數，則可以透過修正不適用之樣本數量予以估計。

另一個可以應用先前研究之處，就是該研究對於某特定事件的看法或估計。現存資訊的使用通常可應用 Bayes's Theorem（一種統計理論）的說法，而減少進階研究的樣本數量。由於高精確度常常是難以達到的，若能找到先前研究對某變項的估計值，則即使樣本數目只有 30 例也可被接受。例如，某個組織認為引進新服務時，必須著重於潛在了解客戶對該項服務的反應。透過取得類似服務與利潤的相關資料，該組織可以估算實施該項服務可能達到之成功率分配情形。由於先前研究的結論已得知進行新服務的成功率分配，故只要抽取小量的潛在客戶作為樣本，就可結合舊的研究結果與新的調查結果，計算新的預估值。關於此方法的詳細討論，請見 Wasson, 1969 的著作。

同樣地，假設某公司欲進行一項人口統計特質的研究，而希望得知洛杉磯某社區女性身高的標準差。假設有關女性身高的分配只載於較大區域的普查資料中。那麼，使用該已知資料，並透過下列步驟，即可迅速測得此社區的女性身高標準差。（a）假設身高是常態分配；（b）依照普查資料的高度範圍，設定前 10% 的較矮人口，而後 10% 的人口則為較高人口（也就是說，10% 與 90% 之間的間距，則代表了總人口的 80%），假設前 10% 的身高是 51 英吋，而後 10% 的身高是 59 英吋。那麼，按照先前常態分配的假設，此身高間距約為 2.56 個標準差（也就是說，在此代表 80% 人口身高的間距為對稱分配，平均值之任一邊皆代表了 1.28 個標準差）。由此，可預估洛杉磯某 社區女性身高的標準差為，59 英吋減 51 英吋（也就是 8 英吋），除以 2.56 而得 3.125 英吋。

另一個使用既存資料的實例是基準率的估計。知道某事件的發生頻率，或在特定樣本中出現某項特質的機會通常是很有意義的。對針對特定母群體所設計的研究來說，基準率（base rates）的資訊非常有用。舉例來說，藥物混用而致病（例如在碳酸飲料中加入三氯甲烷可能導致癌症）的機率是百萬分之一，因此，要在隨機抽樣的過程中證實此推論，是非常困難且成本過高的。所以，參考基準率的資料，對於防止未能偵測出醫師診斷與篩選過程的錯誤亦有相當助益（Overall & Klett, 1972）。

最後，先前研究亦有助於檢驗假設，並預估進行研究後可能產生的利潤。研究基金的投資報酬，即為研究獲得新資

料後所產生的利益。因此，先作次級資料的文獻回顧，確知何為已知何為未知，並瞭解先前研究的限制、使用方法論的缺點，以及早期研究是否能作普遍性推論等等，是從事初期研究必要的基礎工作。

整合次級資料

整合次級資料的工作事實上已行之有年，而文獻回顧也早已是學院研究及配合公司組織需求的研究過程中，不可或缺的一環。而在這過程中可能產生的主觀性，已於上段說明，不另贅述。另外，此過程中也可能會因無法將手邊的資料完整併入研究設計中，或者未能恰當地權衡不同資料來源的重要性而產生偏誤（C r & Rosenthal, 1980）。在過去的十五年中，許多學者建議採用統計方法來整合既存文獻（Cohen, 1977; Cooper, 1979;Farley& Lehmann, 1986; Glass, 1976, 1977; Hedges& Olkin, 1985; Rosentha, 1978, 1979; Rust, Lehmann, & Farley, 1990; Sheppard, Hartwick & Warshaw, 1988; Tellis, 1988），一般稱為「後設分析」（meta-analyses; Glass, 1976, 1977;Hunter & Schmidt, 1989）。如須查閱有關後設分析的詳細討論，請見 Cooper（1989）及 Rosenthal（1991）的文章。後設分析的應用範圍很廣，從某特定出版品消費需求的價格彈性，到 Fishbein 與 Ajzen （1975）態度模型的有效性，皆屬於其應用範圍。

整合不同次級資料庫的方法主要有三，但這些方法並非互斥，反而是可互為補充。第一，且最顯而易懂的方式，即為摘錄不同系列的研究數據；第二，則是整合各獨立研究的實驗結果；第三，觀察不同之資料蒐集、抽樣及測量的方式，是否會導致不同的結果。應用上述三種方式之細節敘述如下：

　　以第一種方法計算簡單的敘述統計值，乃有益於統整不同研究的結果。例如平均值標準差與 Pearson 積差相關，及其他統計值等等。而加權平均法更是整合資料的好方式。假設四種關於全美每天觀看電視時數的研究數值如下：

	研究一	研究二	研究三	研究四
平均值 x	5.3 小時	6.2 小時	4.8 小時	6.9 小時
樣本數（n）	200	400	100	300

　　若只將四個研究的平均值加以平均，則可得 5.8 小時。但此數據可能會有所偏誤。因為各研究的樣本數皆不同，不可一概而論。因此，若要統整此結論，應以如下之加權平均的方式予以計算：

$$\frac{(5.3)(200)+(6.2)(400)+(4.8)(100)+(6.9)(300)}{200+400+100+300}$$

$$= 6090 \div 1000 = 6.9 \text{ 小時}$$

　　由上可知，以樣本數進行加權平均之重要性。然而，

上述數值差異並非極大，尚未能顯現加權平均之必要性。因此，假設一更為極端的例子如下：

	研究一	研究二
平均值	10	25
樣本數（n）	5	300

　　若只是平均兩研究之平均值，則可得 17.5 小時，而加權之後則為 24.75 小時。加權平均主要的特點在於能突顯樣本數大時的重要性。此外，加權法也可適用於計算變異量的比例問題。加權法主要是以樣本數的不同而表現出平均值的不同，但對於樣本數相同的情況則難以辨識其差異性。但是，在其他條件不變下，加權法仍是整合資料時相當重要的原則。

　　另一種可能更好的整合方式為「信賴區間」（confidence intervals）法。除了參考單一的統計值以外，取得各平均數的平均值，並將樣本數、變異量等資訊融入信賴區間的概念，亦可進行整合。舉例來說，除了加權平均外，亦可以換個說法，說其平均值係介於 95% 的信賴區間之內。例如，某特定學區有學習障礙的學童比例，係對學童進行隨機抽樣後得知的，選出作為樣本的每位學童皆接受學習障礙的測試，得出有障礙的學童比例之後，再以此機率推論至所有的學童。假設進行此研究後得知有學習障礙的比例為 15%，那麼到底此數據有多大的可信度呢？有一種可能的方法，就是信賴區間。其說法如下：整個學區實際的學習障礙比率，

介於 13%到 17%的機率是 95%。

應用信賴區間的主要的目的在於告訴使用者，不論蒐集資料與統計計算的過程有多精密，都只是最佳機率的猜測值。會影響信賴區間的原因有很多，包括樣本數、母群體的變異量，以及研究者設定的信賴區間的水準等。就像太空梭行走軌道及最佳降落點的計算，需要較高的精密度，研究者就必須設定較大的信賴區間。大部分的統計教科書都有關於信賴區間的介紹與討論，讀者可逕行參考。

第二種整合不同研究發現的方式則更為複雜些。除了整合不同樣本的統計值以外，另一個議題則為，如何解釋某實驗在特定實驗條件及刺激下的效果。假設某學區有意了解學前學習不利兒童之閱讀計劃的影響為何，幾年下來，可能已有許多檢驗相關閱讀計劃的研究成果。若欲整合這些成果，必須先考量兩大問題：第一，「教室中所進行的閱讀計畫影響學童未來發展」的假設是否成立？第二，若其影響的確存在，那麼影響有多大呢？也就是說第一個問題，主要在於尋求整合不同統計結果的方法；第二個問題則在了解如何計算實驗成效的變異量。

若需進行統計顯著性檢驗的研究，則發生某事件的或然率（probability）代表重要的訊息，表示某事件完全不受任何條件影響的發生率。根據統計理論，兩事件之或然率 P 與 Q ，相乘後乘積等於 PQ。 由此可見，若兩個研究各設定虛無假設，其發生之或然率各為 0.05（也就是兩組或兩組以上，彼此存在差異的機率），那麼，兩事件同時發生的或然率則為（0.05）（0.05）=0.0025 。準此，兩事件同時發生的機率

很小。

　　回到上述學前閱讀計劃的例子。假設已有五個相關的研究討論此項計劃。其中有三個研究的統計結果認為該項計劃效果顯著（其中兩個研究達到 0.05 水準，一個達到 0.10 水準），另兩個研究結果雖然證明其計劃有效，但未達顯著水準（兩者水準皆為 0.30），而不予接受。而此五項研究同時發生的或然率應為（0.10）（0.05）（0.05）（0.30）（0.30）= 0.0000225 。可見發生的機率極小。所以，只知道各事件或然率的乘積，對於許多研究的檢驗並沒有顯著的助益，因為，不同的研究可能有不同的結論，而必須尋求更複雜的檢驗過程。

　　學者 Edgington （1972 a）提出一個方法，即當研究數目很小時，將或然率相加應小於 1。學者 Winer（1971）、Mosteller 與 Bush （1954）也提出將不同研究整合是更為精密的方法。雖然本文推薦此法，但其缺點在於，當研究樣本數很大時，使用該方法則會顯得笨拙不易操作。因此，當研究樣本大時，則應採取功能相對來說雖然比較弱，但卻是比較簡單有用的計算法。根據此法，研究發現達顯著水準的數據，即可與預期的或然率互相比較。

　　同時，也有許多其他的方法可以整合不同研究的結果。有關進一步的討論，請詳見 Rosenthal（1978）Birnbaum（1954），及較為晚近的 Cooper（1989）和 Rosenthal（1991）的報告。其中並無在任何情況下都絕對完美的方法，只有相對比較合適的方法。甚且，即使某些方法推論，某些特定的結果足以歸因於某些實驗刺激，但更重要的是，了解這樣的

刺激所引起效果之強度為何？單只了解實驗結果是否達到統計顯著性，並不能告訴我們該訊息的意義。

至於如何掌握實驗效果的強度，倒是有兩種可能的方法。第一，是以相關係數來評估效果強度（也就是求取實驗效果的變異量）。第二，是以標準差為單位，來衡量實驗效度（也就是實驗組與對照組差異量的比較）。若需整合不同研究對於效果的衡量結果，必須在研究內容中找到有關效果大小的訊息，爾後，各求取整合式測量法（measures of association）或差異式測量法（difference measures）的加權平均，即可得知效果強度為何。相關討論請詳見 Cohen（1969）、Cooper（1989）、Glass（1976, 1988）、Glass, Mcgaw 與 Smith（1981）、Hunter 與 Schmidt（1989），以及 Rosenthal（1991）等文章。

第三種方法，也是最後一種方法，就是詮釋不同結果的差異成因。研究發現的差異性，無疑地是整合工作最大的困擾與不可掌握的變異之處，包括不同測量方法的使用、不同的抽樣架構、實驗結果，及蒐集資料的時間與結論推論的過程等等。但是，整合不同研究之間的相同或相異，以進一步驗證某項事件或理論是可行的，也是研究者想要完成的工作。

如學者 Snedecor 與 Cochran （1967）、Cochran 與 Cox（1957），以及 Rosenthal（1978）所建議，整合的過程是將每一個研究（或研究本身的特質）視為此項研究間變異分析的實驗條件之一。準此，該實驗條件中的各項平均數、樣本數及平均數平方等資訊便可以相互比較。而進行這些比較，

需要更多更具體的原始研究資訊，也須要較為大量的研究數。此方法是衡量「實驗」乘以「各研究之間交互作用」的乘積。若此結果達到顯著，則表示不同結論的差異，來自於所蒐集資料的不同。若進一步檢視此交互作用，則可能發現某一類的研究比較容易傾向於產生某一類的結果，而另一種則不然。

　　Farley（1981）等人的研究，及隨後由 Sheppard（1988）等人進行的延伸研究，提出一個相當有趣的實例。上述幾位學者檢驗 Fishbein 所提出的「形成態度之行為意願模式」（Behavioral Intention Model of Attitude Formation）（Fishbein & Ajzen, 1975），企圖證明透過不同的研究方法、抽樣類型、研究原則及幾項額外的參數，會因此有不同的研究發現。這項分析的初步研究指出了支持此模式的證據。也就是說，該模式並未因為抽樣和研究方法不同，而使得模式結果有顯著的改變。舉例來說，以學生為受試者的結果，並未顯著異於以對象為測試主體的結果。此外，此分析也指出，社會心理學家的研究結果比行銷工作者的結果更支持此模式。特別是這兩組不同的研究者，以兩種不同的原則、採用不同的研究方法與刺激方式，因此會得出幾種不同之新的研究假設。Sheppard（1988）等人則提出了此模式具有預測能力的證據。最重要的是，Sheppard 等人的研究，還提出了該模式預測目標效果極佳的證據，以及預測在眾多選擇作最適當決定之活動類型的能力（其中兩種活動是原始研究未提出的。）

　　上述的分析研究非常有助於整合歸納不同的資料，因而

也稱爲「不完整答案之推論過程」（generalizing from imperfect replication）。此外，此類分析也可作爲新的研究假設，爲現存不同文獻之間的差異提供解釋。例如，Sheppard （1988）等人的研究，即對 Fishbein 與 Ajzen （1975）的模式提出修正，而指出該模式應始於：「達成目標之意願、選擇情境，以及意願與期望間之差距等解釋」（p.340 ） Glass （1981）等人則另外討論了許多完成此等「後設分析」的方法及其他相關技巧。

摘要

　　資料本身只在應用於某項特定問題或情境時，而能顯現出其意義者，才展現出其價值。因此，整合不同資料的能力就顯得必要。要具備此等能力，首先必須掌握原始研究所使用之方法背景，及了解該項研究工具在整合不同研究時所扮演的角色。研究者常常無法獲取完整的資訊。因此，評估資訊並整合不同研究的發現，是研究人員必備的能力，而這項能力需要研究者的專業素養，以及對資料來源充分的認識。

附錄

台灣現有資料庫

（一）行政院主計處第四局

第四局即是我們一般所謂的「普查局」，專門負責全國調查、行政管理及辦理重大普查及抽樣調查業務。

第四局設有六個科，分別負責各種調查與管理業務，其職掌分別如下：

第一科：農林漁牧普查及其抽樣調查
第二科：工商及服務業普查及其抽樣調查
第三科：統計調查管理及社會發展趨勢調查
第四科：人力資源調查及其專案調查
第六科：戶口及住宅普查、統計調查網管理

第四局的網址：
http://www.dgbasey.gov.tw/census~n/six/lue5/ht4.HTM

（二）中研院

網址：http://www.sinica.edu.tw/as/survey

一、社會變遷基本調查資料庫

網址：http://140.109.196.2/scl/3.htm

目前已公開之資料檔如下：

期　　別	問　　卷	樣本數	調查期間	主　　　　題
一期	問卷 I 問卷 II	4233 4199	1985	綜合性調查
二期一次	問卷 I 問卷 II	2534 2520	1990.7	綜合性調查
二期二次	問卷 I 問卷 II	2488 1139	1991.7	家庭、教育與心理狀況
二期三次	問卷 I 問卷 II	2377 1408	1992.7	社會階層與政治文化
二期四次	問卷 I 問卷 II	1946 1964	1993.7	傳播、社會秩序與政治參與
二期五次	問卷 I 問卷 II	1853 1862	1994.7	文化價值與宗教
三期一次	問卷 I 問卷 II	2093 2081	1995.7	政治、傳播、疏離感與經濟態度 II-家庭、人際關係、心理狀態與休閒
三期二次	問卷 I 問卷 II	1924 2831	1996.7	I-家庭組 II-東亞組
三期三次	問卷 I 長卷 問卷 I 短卷 問卷 II	2596 1717 2836	1997.7	I-長卷：社會階層組 　短卷：階層組 II-社會網絡與社區組
三期四次	問卷 I 問卷 II		1998.7	I-大眾傳播組 II-政治文化組

*一期調查的樣本總數是問卷 I-4307，問卷 II-4313，年齡層在廿至七十歲之間的樣本數則是問卷 I-4233，問卷 II-4199。

二、調查研究工作室

網址：
www.sinica.edu.tw/as/survey/srda/new.shtml
E-mail：srda@gate.sinica.edu.tw

目前開放申請的調查資料及其釋出的項目有：

1. 青少年初期學校同儕團體之形成與影響：生態系統理論的觀點釋出項目有：SPSS 系統檔、過錄編碼簿、次數分配結果、問卷與研究成果報告。
2. 我國資優教育全方位發展策略之研究－低成就資優學生家庭影響之質的研究釋出項目有：SPSS 系統檔、過錄編碼簿、次數分配結果、問卷與研究成果報告。
3. 科技素養教育教師素質指標系統研究釋出項目有：SPSS 系統檔、過錄編碼簿、次數分配結果、問卷與研究成果報告。
4. 台灣地區非營利組織管理之研究(II)－預算控制制度對醫院組織效能影響之探討：以角色壓力作為中介變數釋出項目有：問卷檔、SPSS 系統檔、過錄編碼簿、次數分配結果、與研究報書。
5. 會計教育與經濟發展關聯性之剖析釋出項目有：問卷檔、過錄編碼簿、次數分配表、研究報告書。
6. 台灣地區公立高中三年級學生經濟認知之評量釋出項目有：問卷檔、SAS 程式檔、過錄編碼簿、次數分配表、

研究報告書。

7. 台灣地區非營利組織管理之研究－非營利組織會員對其組織認同之研究：以高市婦女服務社團為例釋出項目有：問卷檔、SPSS 資料系統檔、過錄編碼簿、次數分配表、研究報告書。

8. 我國因應亞太營運中心人力資源規劃與發展之研究－以促成亞太營運中心為宗旨之政府內部報償系統重設計釋出項目有：問卷檔、SAS 程式檔、過錄編碼簿、次數分配表、研究報告書。

9. 台灣地區身心障礙青年「社區生活素質」之研究釋出項目有：問卷檔、SPSS for win 系統檔、過錄編碼簿、次數分配結果、檢誤報告與研究成果報告。

10. 組織政治行為對組織變革及績效影響關係之研究：以通過 ISO9000 認證之推行 TQM 廠商為例釋出項目有：問卷檔、SAS 程式檔、過錄編碼簿、次數分配表與研究報告書。

11. 教師專業倫理內涵之建構釋出項目有：SAS 程式檔、資料檔、過錄編碼簿、次數分配結果、問卷與研究成果報告。

12. 安全城市－以環境設計觀點探討都市犯罪防範釋出項目有：SPSSfor win 系統檔、過錄編碼簿、次數分配結果、檢誤報告與研究成果報告書。

13. 綜合大學教育學程課程發展之行動研究釋出項目有：SPSS 系統檔、過錄編碼簿、次數分配結果、問卷與研究成果報告。

14. 以策略角度探討資訊主管任用模式之實證研究釋出項目有：SAS 欄位定義程式、資料檔、過錄編碼簿、次數分配結果、問卷與研究成果報告。

15. 台灣農漁村發展與規劃之研究－農村居民參與農村發展規劃之研究釋出項目有：問卷檔、SPSS 系統檔、過錄編碼簿、次數分配結果、與研究報告書。

16. 國際資訊系統下建構醫療諮詢及決策支援系統之研究(II)釋出項目有：問卷檔、SPSS for win 系統檔、過錄編碼簿、次數分配結果、檢誤報告與研究成果報告。

17. 貨櫃集散站區位選擇模式之研究釋出項目有：問卷檔、WinGis 圖檔、掃描圖、貨櫃集散業者訪談內容、研究報告書。

18. 台灣地區非營利組織管理之研究－非營利醫療機構的策略和績效之探討釋出項目有：問卷檔、資料檔、SAS 程式檔、過錄編碼簿、研究報告書。

19. 台灣地區非營利組織管理之研究－非營利組織募款策略之研究－以公益慈善機構為例釋出項目有：問卷檔、SPSS for win 系統檔、Excel4.0 檔、過錄編碼簿、次數分配結果、檢誤報告與研究報告書。

20. 中小企業配合亞太營運中心運作之研究－國內商業配合亞太營運中心策略之研究（第二年計劃）釋出項目有：問卷檔、資料檔、SAS 程式檔、過錄編碼簿、研究報告書。

（三）其他

一、國科會科學技術資訊中心

專供各機關及委託研究計劃主持人使用，可提供研究計劃及研究報告查詢，目前有 82 至 89 年度研究計劃基本資料10 萬多筆，以及 82 年度起成果報告摘要 52,000 餘筆，網站可供連結研究報告摘要及全文影像檔。

網址：http://www.grb.gov.tw/
E-mail：grb@mail.stic.gov.tw

二、政大選舉研究中心－選舉研究與調查資料庫

資料庫裡搜集有從民國 79 年到 85 年多次與選舉或投票相關的研究報告。

網址：
http://esc.nccu.edu.tw/s00h0070/s00h0071.htm

三、其他相關訊息或網站

國內外還有許多可獲得調查研究資料的網站，這些也都是取用次級資料的寶藏。國內還有行政院主計處、台大人口

研究中心、政府統計資訊窗口等；國外，如美國、英國、德國、日本也有諸多可取得二手資料的地方。由於網站眾多，不克一一列舉，有需要或有興趣的同學，可先連線到中研院的「其他相關訊息或網站」（http://www.sinica.edu.tw/as/survey/srda/others.htm），再由那兒連結到所需網站。

參考書目

Aaker, D. A., & Day, G. S. (1990). *Marketing research*. New York: John Wiley.

Abstracts in Anthropology. (quarterly). Farmingdale, NY: Baywood [1970].

Abstracts of Health Care Management Studies. (quarterly). Ann Arbor: Cooperative Information Center for Hospital Management Studies, School of Public Health, University of Michigan.

Abstracts of Hospital Management Studies. (annual). Ann Arbor: Health Administration Press for the Cooperative Information Center for Health Care Management Studies of the University of Michigan.

A citizen's guide on using the Freedom of Information Act and the Privacy Act of 1974 to request government records. (1989). Washington, DC: Government Printing Office.

Agricultural Prices. (monthly). Washington, DC: Department of Agriculture, Crop Reporting Board [1942].

Agricultural Statistics. (annual). Washington, DC: Department of Agriculture [1936].

Agriculture Outlook. (annual). Washington, DC: Department of Agriculture, Economic Research Service [1975].

Akey, D., Gruber, K., & Leon, L. (Eds.). (1983). *Encyclopedia of associations* (17th ed.). Detroit: Gale Research.

America: History and Life. Part A: Article Abstracts and Citation. (triannual). Santa Barbara, CA: American Bibliographical Center-Clio Press.

America: History and Life. Part B: Index to Book Reviews. (biannual). Santa Barbara, CA: American Bibliographical Center-Clio Press.

American Statistics Index: A Comprehensive Guide and Index to the Statistical Publications of the U.S. Government (annual; monthly and quarterly updates). Washington, DC: Congressional Information Service [1973].

Annual Register of Grant Support. (annual). Chicago: Marquis Who's Who.

Annual Survey of Manufacturers. (annual). Washington, DC: Bureau of the Census.

Anthropological Literature: An Index to Periodical Articles and Essays. (quarterly). Pleasantville, NY: Redgrave [1979].

Applied Science and Technology Index. (monthly). New York: H. W. Wilson.

Applied Science and Technology Index. (monthly, quarterly, annual cumulation). Edited by Joyce Howard. New York: H. W. Wilson.

Area Wage Survey. (annual). Washington, DC: Department of Labor, Office of Wages and Industrial Relations.

A Researcher's Guide to Washington. (annual). Washington, DC: Washington Researchers [1973].

AUBER Bibliography. (annual). Morgantown: Bureau of Business Research, College of Business and Economics, West Virginia University for the Association for University Business and Economics Research.

Barron's Market Laboratory. (annual). Edited by M. L. Farrell. Princeton, NJ: Dow Jones Books.

Bauer, D. (1970, June). The dimensions of consumer markets abroad. *Conference Board Record*.

Bibliographical Guide to Business and Economics. (annual). Edited by G. K. Hall. New York: New York Public Library, Research Library.

BI-DATA: Printout summary. (1980). New York: Business International.

Birnbaum, A. (1954). Combining independent tests of significance. *Journal of the American Statistical Association, 49*, 559-574.

BLS Handbook of Methods. (annual). Washington, DC: Bureau of Labor Statistics.

BLS machine readable data and tabulating routines. (1981). Washington, DC: Bureau of Labor Statistics.

Books in Print. (annual). New York: R. R. Bowker [1900].

Bourgue, P. J. (1974). Forecasting with input-output. In R. Ferber (Ed.), *Handbook of marketing research*. New York: McGraw-Hill.

Bradford's Directory of Marketing Research Agencies. (annual). Fairfax, VA: Bradford.

Bradford's Directory of Marketing Research Agencies and Management Consultants in the United States and the World. (annual). Fairfax, VA: Bradford.

British Overseas Trade Board. (1979). *International directory of published market research* (3rd ed.). London: Arlington Management Publications.

Business Conditions Digest. (monthly). Washington, DC: Bureau of Economic Analysis [1961].

Business ethics and responsibility: An information sourcebook. (1988). Written by P. A. Bick and edited by P. Wasserman. Phoenix, AZ: Oryx.

Business Index. (monthly). Menlo Park, CA: Information Access Corporation [1979].

Business information: A guide for librarians, students and researchers. (1988). By D. W. Strauss. Englewood, CO: Libraries Unlimited.

Business information: How to find it, how to use it. (1987). By Michael Lavin. Phoenix, AZ: Oryx.

Business information sources. (1985). Berkeley, CA: University of California Press.

Business International. (weekly). New York: Business International Corporation.

Business Periodicals Index. (monthly). New York: H. W. Wilson [1959].

Business reference sources. (1987). By L. M. Daniels. Cambridge, MA: Baker Library, Graduate School of Business, Harvard.

Business Statistics. (biennial). Washington, DC: Department of Commerce.

Catalog of Federal Domestic Assistance. (annual). Washington, DC: Office of Management and Budget.

Catalog of machine-readable records in the National Archives of the United States. (1977). Washington, DC: National Archives and Records Service.

Catalog of United States census publications, 1790-1945. (1968). Westport, CT: Greenwood.

Catalog of U.S. Census Publications. (quarterly). Washington, DC: Bureau of the Census.

Census and You. (annual). Washington, DC: Bureau of the Census.

Census catalog and guide. (1990). Washington, DC: Government Printing Office.

Census of agriculture. (1989). Washington, DC: Bureau of the Census.

Census of business. (1987). Washington, DC: Bureau of the Census.

Census of construction industries. (1987). Washington, DC: Bureau of the Census.

Census of governments. (1987). Washington, DC: Bureau of the Census.

Census of housing. (1990). Washington, DC: Bureau of the Census.

Census of manufacturers. (1987). Washington, DC: Bureau of the Census.

Census of mineral industries. (1987). Washington, DC: Bureau of the Census.

Census of population. (1990). Washington, DC: Bureau of the Census.

Census of retail trade. (1987). Washington, DC: Bureau of the Census.
Census of selected service industries. (1987). Washington, DC: Bureau of the Census.
Census of transportation. (1987). Washington, DC: Bureau of the Census.
Census of wholesale trade. (1987). Washington, DC: Bureau of the Census.
CIA world fact book. (1992). Washington, DC: Central Intelligence Agency.
Cochran, W. G., & Cox, G. M. (1957). *Experimental designs* (2nd ed.). New York: John Wiley.
Cohen, J. (1969). *Statistical power analysis for the behavioral sciences.* New York: Academic Press.
Cohen, J. (1977). *Statistical power analysis for the behavioral sciences* (rev. ed.). New York: Academic Press.
Colgate, C., Jr., & Fowler, R. L. (Eds.). (1983). *National trade and professional associations of the United States* (18th ed.). Washington, DC: Columbia.
Commerce Business Daily. (daily). Chicago: Administrative Services Office, Department of Commerce.
Communication Abstracts. (quarterly). Beverly Hills, CA: Sage.
Companies and Their Brands. (annual). Edited by D. Wood. Detroit: Gale Research.
Companies and Their Brands. (monthly). Washington, DC: Bureau of Industrial Economics.
Compendium of Social Statistics. (irregular). New York: United Nations [1963].
Consultants and Consulting Organizations Directory. (biennial). Detroit: Gale Research.
Consumers Index. (annual). Edited by C. E. Wall. Ann Arbor, MI: Pierian.
Cooper, H. M. (1979). Statistically combining independent studies: A meta-analysis of set differences in conformity research. *Journal of Personality and Social Research, 37,* 131-146.
Cooper, H. M. (1984). *The integrative research review: A systematic approach.* Beverly Hills, CA: Sage.
Cooper, H. M. (1989). *Integrating research: A guide for literature reviews.* Newbury Park, CA: Sage.
Cooper, H. M., & Rosenthal, R. (1980). Statistical procedures for summarizing research findings. *Psychological Bulletin, 87,* 442-449.
Corporate and Industry Research Reports Index. (annual, with quarterly supplements). Eastchester, NY: JA Micropublishing.
Corporate Profiles for Executives and Investors. (annual). Chicago: Rand McNally.
Corporation Records. (quarterly). New York: Standard & Poor's.
County and City Data Book: A Statistical Abstract Supplement (regions, divisions, states, countries, metropolitan areas, cities). (biannual). Washington, DC: Bureau of the Census.
County Business Patterns. (annual). Washington, DC: Bureau of the Census [1943].
Country Market Survey (CMS). (annual). Washington, DC: Department of Commerce, International Trade Administration.
Crop Production. (annual). Washington, DC: Department of Agriculture.
Crop Values. (annual). Washington, DC: Department of Agriculture.
Cultural directory: Guide to federal funds and services for cultural activities. (1975). New York: Associated Council for the Arts.
Current Construction Reports. (monthly). Washington, DC: Bureau of Industrial Economics.
Current Housing Reports. (annual). Washington, DC: Bureau of the Census.
Current Index to Journals in Education. (annual). Washington, DC: National Institute of Education.
Current Industrial Reports. (monthly). Washington, DC: Bureau of the Census.
Current Population Reports. (annual). Washington, DC: Bureau of the Census.

Database Directory. (1991). (annual). Edited by D. E. Woodworth & C. Goodair. White Plains, NY: Knowledge Industry.

Data Developments. (monthly). Washington, DC: Bureau of the Census.

Datapro directory of online services. (1983). Delron, NJ: Datapro Research.

Datapro directory of online services. (1991). Edited by B. Schepp. Delron, NJ: Datapro Research.

Defense Indicators. (monthly). Washington, DC: Bureau of Economic Analysis [1969].

Demographic Yearbook. (annual). New York: United Nations [1948].

Descriptive Supplement to Economic Indicators. (monthly). Washington, DC: Council of Economic Advisers.

Detailed input-output structure of the U.S. economy: 1977 volumes I and II. (1984). Washington, DC: Government Printing Office.

Digest of Educational Statistics. (annual). Washington, DC: National Center for Education Statistics [1962].

Direct marketing in Japan. (1990). Edited by K. Takahashi. Tokyo: Dodwell Marketing Consultants.

Directories in print. (1991). Edited by C. B. Montner. Detroit: Gale Research.

Directory Information Service Guide. (triannual). Detroit: Information Enterprises.

Directory of American Firms Operating in Foreign Countries. (annual). New York: World Trade Academic Press.

Directory of data files. (1989). Washington, DC: Bureau of the Census.

Directory of data sources on racial and ethnic minorities. (1975). Washington, DC: Bureau of Labor Statistics.

Directory of directories. (1983). Detroit: Gale Research.

Directory of European associations. (1976). Detroit: Gale Research.

Directory of federal statistical data files. (1981). Washington, DC: National Technical Information Service and Office of Federal Statistical Policy and Standards.

Directory of industry data sources: The United States of America and Canada. (1981). Cambridge, MA: Ballinger.

Directory of International Statistics. (1982). New York: United Nations.

Directory of occupational titles. (1962; 1975 update). Washington, DC: Department of Labor.

Directory of on-line databases. (1991). Detroit: Gale Research.

Directory of On-Line Data Bases. (1991). (quarterly). Edited by J. C. Barg. Los Angeles: Cuadra.

Directory of On-Line Information Resources. (biennial). Kensington, MD: CSG [1978].

Directory of On-Line Information Resources. (semiannual). Detroit: Gale Research.

Directory of on-line portable databases. (1991). Detroit: Gale Research.

Directory of United Nations information systems and services. (1991). New York: United Nations.

Disability statistics compendium. New York: United Nations.

DiscAmerica. Warwick, NY: Compact Publications.

Dissertation Abstracts International: Abstracts of Dissertations Available on Microfilm or as Xerographic Reproductions. (annual/monthly). Ann Arbor, MI: University Microfilms International [1938].

Doing business in Canada. (1979). New York: Price Waterhouse.

Dow Jones averages 1885-1970. (1972). Princeton, NJ: Dow Jones Books.

Dow Jones Investor's Handbook. (annual). Homewood, IL: Dow Jones-Irwin.

Dun & Bradstreet Million Dollar Directory. (annual). New York: Dun & Bradstreet.

Dun & Bradstreet Principal International Businesses. (annual). New York: Dun & Bradstreet.

Dun's business rankings. (1982). New York: Dun & Bradstreet.

Dun's Financial Profiles. (custom). New York: Dun and Bradstreet.

Dun's Guide to Israel (annual). Edited by D. Dephina. Tel Aviv: Dun & Bradstreet.

Dun's service companies. (1991). Parsippany, NJ: Dun's Marketing Services.

Economic Indicators. (monthly). Washington, DC: Council of Economic Advisers.

Economic Indicators of the Farm Sector. (annual). Department of Agriculture, Economic Research Service [1979].

Economic Report of the President. (annual). Washington, DC: Office of the President of the United States.

Edgington, E. S. (1972a). An additive method for combining probability values from independent experiments. *Journal of Psychology, 80,* 351-363.

Edgington, E. S. (1972b). A normal curve method for combining probability values from independent experiments. *Journal of Psychology, 82,* 85-89.

Education Index. (monthly). Edited by M. C. Hewitt. New York: H. W. Wilson.

EIA Data Index: An Abstract Journal. (biannual). Washington, DC: Energy Information Administration [1980].

EIA Establishments. (custom). New York: Economic Information Systems.

EIA Plants. (custom). New York: Economic Information Systems.

EIA Publications Directory: A User's Guide. (semiannual). Washington, DC: Energy Information Administration [1980].

Employment and Earnings. (monthly). Washington, DC: Bureau of Labor Statistics.

Employment and Earnings Statistics for States and Areas. (annual). Washington, DC: Bureau of Labor Statistics [1939].

Employment and Earnings Statistics for the United States. (annual). Washington, DC: Bureau of Labor Statistics [1909].

Encyclopedia of Associations. (biennial). Detroit: Gale Research. [1982].

Encyclopedia of business information sources. (1988). Edited by J. Wov. Detroit: Gale Research.

Encyclopedia of geographic information sources. (1986, U.S. volume; 1988, international volume). Edited by J. Mossman. Detroit: Gale Research.

Encyclopedia of Geographic Information Sources. (annual). Edited by J. Mossman. Detroit: Gale Research.

Engineering Index. (monthly). New York: Engineering Index.

Eskin, G. (1981, September 18). Advances in scanner based research systems yield fast, accurate new product test results. *Marketing News,* p. 20.

Ethnic statistics: A compendium of references sources. (1978). Arlington, VA: Data Use and Access Laboratories.

Ethnic statistics: A compendium of references sources. Washington, DC: Department of Commerce, National Technical Information Service.

Ethnic statistics: Using national data resources for ethnic studies. (1978). Arlington, VA: Data Use and Access Laboratories.

Europe's 15,000 Largest Companies. (annual). Edited by A. Humphries. London: ELC International, Ealing.

F & S Index, Europe. (annual, quarterly, monthly). Cleveland: Predicasts [1978].

F & S Index International. (annual, quarterly, monthly). Cleveland: Predicasts [1980].

F & S Index to Corporations and Industries. (annual, quarterly, monthly, weekly). Cleveland: Predicasts [1960].

Farley, J. U., & Lehmann, D. R. (1986). *Meta-analysis in marketing: Generalizing from response models.* Lexington, MA: Lexington Books.

Farley, J. U., Lehmann, D. R., & Ryan, M. J. (1981). Generalizing from imperfect replication. *Journal of Business, 54,* 597-610.

Farley, J. U., Lehmann, D. R., & Ryan, M. J. (1982). Patterns in parameters of buyer behavior models: Generalizing from sparse replication. *Marketing Science, 1,* 181-204.

Federal Budget in Brief. (annual). Washington, DC: Office of Management and Budget [1951].

Federal Evaluations. (irregular, last published 1980). Washington, DC: General Accounting Office.

Federal Register. (daily). Washington, DC: Office of the Federal Register.

Federal Register Index. (monthly). Washington, DC: Government Printing Office.

Federal Reserve Bulletin. (monthly). Washington, DC: Board of Governors of the Federal Reserve System [1915].

Federal Reserve Chart Book. (quarterly). Washington, DC: Board of Governors of the Federal Reserve System [1947].

Federal Reserve Historical Chart Book. (annual). Washington, DC: Board of Governors of the Federal Reserve System [1947].

Federal Statistical Directory. (annual). Washington, DC: Office of Management and Budget [1951].

FINDEX: The Directory of Market Research Reports, Studies and Surveys. (annual). Edited by J. Duchez & S. J. Marcus. Bethesda, MD: Cambridge Information Group.

Fishbein, M., & Ajzen, I. (1975). *Belief, attitude, intention and behavior: An introduction to theory and research.* Reading, MA: Addison-Wesley.

Fiske, D. W. (1971). *Measuring the concepts of personality.* Chicago: Aldine.

Forbes Report on American Industry Issue. (annual). Edited by J. W. Michaels. New York: Forbes.

Foreign Agricultural Trade of the United States. (monthly). Washington, DC: Department of Agriculture, Economics, Statistics, and Cooperatives Service [1962].

Foreign Agriculture. (monthly). Department of Agriculture, Foreign Agricultural Service [1963].

Fortune Directory. (annual). Edited by E. Benjamin. New York: Time.

Fortune Double 500 Directory, Fortune Magazine (May-August, annual). New York: Time.

Fowler, F. J., Jr. (1988). *Survey research methods.* Newbury Park, CA: Sage.

Freedom of Information Act: What it is and how to use it. Washington, DC: Freedom of Information Clearinghouse.

Glass, G. V. (1976). *Primary, secondary, and meta-analysis of research.* Paper presented at the meeting of the American Educational Research Association, San Francisco.

Glass, G. V. (1977). Integrating findings: The meta-analysis of research. *Review of Research in Education, 5,* 351-379.

Glass, G. V., McGaw, B., & Smith, M. L. (1981). *Meta-analysis in social research.* Beverly Hills, CA: Sage.

Guide to American directories (10th ed.). (1978). Coral Springs, FL: B. Klein.

Guide to American scientific and technical directories (2nd ed.). (1975). Coral Springs, FL: B. Klein.

Guide to Foreign Trade Statistics. (annual). Washington, DC: Government Printing Office.

Guide to Grant and Award Programs. (annual). Bethesda, MD: National Institutes of Health.

Guide to USDA statistics. (1973). Washington, DC: Department of Agriculture.

Haas, R. W. (1977). SIC systems and related data for more effective market research. *Industrial Marketing Management, 6,* 429-435.

Handbook of Basic Economic Statistics. (annual; monthly supplements). Washington, DC: Economic Statistics Bureau.

Handbook of cyclical indicators. (1977). Washington, DC: Department of Commerce, Bureau of Economic Analysis.

Handbook of Labor Statistics (annual). Washington, DC: Bureau of Labor Statistics [1926].

Handbook of Latin American Studies. (annual). Austin: The University of Texas Press [1935].

Health Industries Handbook Annual. (annual). Palo Alto, CA: SRI International.

Hedges, L. V., & Olkin, I. (1985). *Statistical methods for meta analysis.* Orlando, FL: Academic Press.

Hedrick, T., Bickman, L., & Rog, D. (1992). *Planning applied research.* Newbury Park, CA: Sage.

Henry, G. (1991). *Practical sampling.* Newbury Park, CA: Sage.

Highlights of U.S. Export and Import Trade. (Monthly). Washington, DC: Department of Commerce [1967].

Hispanic American Periodicals Index. (annual). Los Angeles, CA: UCLA Latin American Center Publications [1975].

Historical Abstracts. (quarterly). Santa Barbara, CA: American Biographical Center [1955].

Historical Chart Book. (annual). Federal Reserve System, Board of Governors [1965].

Historical statistics of the United States: Colonial times to 1970. (1975). Washington, DC: Bureau of the Census.

Honomichl, M. (1990, May 28). The Honomichl 50: The 1990 Honomichl business report on the marketing research industry. *Marketing News,* pp. H1-H30.

Housing and Urban Development Statistical Yearbook. (annual). Washington, DC: Department of Housing and Urban Development [1969].

Humanities Index. (quarterly). New York: H. W. Wilson. [1974].

Human Resources Abstracts: An International Information Service. (quarterly). Newbury Park, CA: Sage [1966].

Hunter, J. E., & Schmidt, F. L. (1989). *Methods of meta-analysis: Correcting error and bias in research findings.* Newbury Park, CA: Sage.

Index Medicus. (monthly). Bethesda, MD: National Library of Medicine.

Index to Health Information. Bethesda, MD: Congressional Informational Service.

Index to International Public Opinion. (1988-1989). (annual). Westport, CT: Survey Research Consulting International and Greenwood Press.

Index to Latin American Periodical Literature. (annual). Boston: G. K. Hall [1929-1969].

Index to legal periodicals. (1979). Washington, DC: George Washington University.

Index to 1990 census summary tapes. (1992). Washington, DC: Bureau of the Census.

Index to selected 1990 census reports. (1992). Washington, DC: Bureau of the Census.

Indexes to International Statistics: A Guide to the Statistical Publications of International Intergovernmental Organizations. (annual). Bethesda, MD: Congressional Informational Service [1983].

Industrial research laboratories of the United States (15th ed.). (1977). New York: Bowker.

Industrial Statistics Yearbook. (1991). New York: United Nations.

Information Industry Directory. (annual). Edited by B. J. Morgan. Detroit: Gale Research.

Insurance Periodicals Index. (annual). New York: Insurance Division, Special Libraries Association.

International Bibliography of Social and Cultural Anthropology. (annual). New York: Tavistock [1955].

International Business Year Book. (annual). London: Financial Times.

International Directory of Market Research Companies and Services. (annual). Edited by
M. Allen. New York: American Marketing Association.
Irregular serials and annuals: An international directory (8th ed.). (1983). New York: Bowker.
Katzer, J., Cook, K. H., & Crouch, W. W. (1978). *Evaluating information: A guide for
users of social science research.* Reading, MA: Addison-Wesley.
Kelley, J., & McGrath, J. (1988). *On time and method.* Newbury Park, CA: Sage.
Kelly's Business Directory. (annual). Windsor, CT: Reed Information Services.
Kelly's Manufacturers and Merchants Directory. (annual). Kingston upon Thames, UK:
Kelly's Directories.
Local Area Personal Income. (annual). Washington, DC: Department of Commerce,
Bureau of Economic Analysis.
Local area personal income 1971-76. (1978). Washington, DC: Bureau of Economic
Analysis.
Long term economic growth: 1860-1970 (2nd ed.). (1973). Washington, DC: Bureau of
Economic Analysis.
Lutz, G. M. (1983). *Understanding social statistics.* New York: Macmillan.
Maloney, J. F. (1976, July 2). In Saudi Arabia, sands, statistics can be shifty. *Marketing
News*, p. 6.
Management Contents. (biweekly). Skokie, IL: G. D. Searle [1975].
Marketing Economics Key Plants: Guide to Industrial Purchasing Power. (annual).
Edited by A. Wong. New York: Marketing Economics Institute.
Marketing information: A professional reference guide (2nd ed.). (1987). Atlanta: Georgia
State University College of Business Administration.
Marketing Information Guide. (monthly). Garden City, NY: Hoke Communications.
Market Research Abstracts. (semiannual). London Market Research Society [1963].
Marketsearch: International Directory of Published Market Research. (annual). Edited
by K. Mann. Arlington, VA: Arlington Management Publications
Master Key Index. (quarterly). New York: Business International Corporation.
May, E. G. (1979). *A handbook for business on the use of government statistics.* Char-
lottesville, VA: Taylor Murphy Institute.
Measuring markets: A guide to the use of federal and state statistical data. (1979).
Washington, DC: Industry and Trade Administration, Department of Commerce,
Bureau of the Census.
Mediamark Research. (annual). New York: Mediamark Research.
Mental Health Abstracts. (monthly). Rockville, MD: National Clearinghouse for Mental
Health Information, National Institute of Mental Health [1969].
Merchandising. (annual). New York: Billboard.
Monthly Bulletin of Statistics. (monthly). New York: United Nations [1947].
Monthly Catalog of U.S. Government Publications. (monthly). Washington, DC: Govern-
ment Printing Office [1895].
Monthly Labor Review. (monthly). Washington, DC: Bureau of Labor Statistics [1915].
Monthly Report on the Labor Force. (monthly). Washington, DC: Bureau of Labor Statistics.
Monthly Retail Trade. (monthly). Washington, DC: Bureau of the Census.
Monthly Selected Service Receipts. (monthly). Washington, DC: Bureau of the Census.
Monthly Vital Statistics Report. (monthly). Hyattsville, MD: Department of Health and
Human Services, Public Health Service.
Monthly Wholesale Trade: Sales and Inventories. (monthly). Washington, DC: Bureau of
the Census.
Moody's Manuals. (annual, with supplements). New York: Moody's Investors Service.

Mosteller F. M., & Bush, R. R. (1954). Selected quantitative techniques. In G. Lindzey (Ed.), *Handbook of social psychology: Vol. 1. Theory and method.* Cambridge, MA: Addison-Wesley.

National environmental statistical report. Washington, DC: National Technical Information Service.

National Technical Information Service. (1975). *National environmental statistical report.* Arlington, VA: Mitre Corp.

National Trade and Professional Associations of the United States and Canada and Labor Unions. (annual). Washington, DC: Columbia.

Natural Gas Monthly. (monthly). Washington, DC: Department of Energy, Office of Oil and Gas [1983].

New York Times Index. (semimonthly). New York: New York Times [1913].

Neyman, J. (1934). On the two different aspects of the representative method: The method of stratified sampling and the method of purposive selection. *Journal of the Royal Statistical Society, 97,* 558-606.

Nichols, P., & Van Den Elshout, R. (1990, February). Survey of databases available on CD-ROM: Types, availability, and content. *Database, 13,* 18-23.

NIH Research Contracting Process. (annual). Bethesda, MD: National Institutes of Health.

Norback, C. T. (1980). *Corporate publications in print.* New York: McGraw-Hill.

Occupational Outlook Handbook. (biennial). Washington, DC: Department of Labor, Bureau of Labor Statistics [1949].

Overall, J. E., & Klett, J. C. (1972). *Applied multivariate analysis.* New York: McGraw-Hill.

Pas, H. T. V. (1973). *Economic anthropology, 1940-1972: An annotated bibliography.* Osterhout, Netherlands: Anthropological Publications.

Personnel Management Abstracts. (quarterly). Ann Arbor: Graduate School of Business Administration, University of Michigan.

Petroleum Marketing Monthly. (monthly). Washington, DC: Department of Energy, Office of Oil and Gas [1983].

Petroleum Supply Annual. (annual). Washington, DC: Department of Energy, Office of Oil and Gas [1981].

Pick's Currency Yearbook. (annual). New York: Pick.

Population Bibliography. (bimonthly). Chapel Hill: University of North Carolina, Carolina Population Center [1966].

Predicasts Forecasts. (annual, quarterly). Cleveland: Predicasts.

Price Waterhouse Guide Series. (annual). New York: Price Waterhouse.

PRIZM adds zip to consumer research. (1980, November 10). *Advertising Age,* p. 22.

Progressive Grocer. (monthly). Stamford, CT: MacLean Hunter Media.

Projections of Educational Statistics. (annual). Washington DC: National Center for Education Statistics. [1962].

Psychological Abstracts: Nonevaluative Summaries of the World's Literature in Psychology and Related Disciplines. (monthly). Arlington, VA: American Psychological Association [1927].

Public Affairs Information Service Bulletin: A Selected Subject List of the Latest Books, Pamphlets, Government Publications, Reports of Public and Private Agencies and Periodical Articles, Relating to Economic and Social Conditions, Public Administration and International Relations, Published in English Throughout the World. (monthly). New York: Public Affairs Information Service. [1914].

Publication Yearbook. (annual). Rome: Food and Agriculture Organization of the United Nations.

Quarterly Operating Data of Telegraph Carriers. Washington, DC: Federal Communications Commission.

Quarterly Operating Data of Telephone Carriers. Washington, DC: Federal Communications Commission.

Raymondo, J. C. (1989, January). How to estimate population. *American Demographics, 11*, 34-35.

Reader's Guide to Periodical Literature. (semimonthly). New York: H. W. Wilson. [1900].

Reichmann, W. J. (1962). *Use and abuse of statistics.* New York: Oxford University Press.

Riche, M. F. (1991). The 1991 directory of marketing information companies. *American Demographics* (supplement).

Rosenthal, R. (1978). Combining results of independent studies. *Psychological Bulletin, 85*, 185-193.

Rosenthal, R. (1979). The "file drawer problem" and tolerance for null results. *Psychological Bulletin, 86*, 638-641.

Rosenthal, R. (1984). *Meta-analytic procedures for social research.* Beverly Hills, CA: Sage.

Rosenthal, R. (1991). *Meta-analytic procedures for social research* (rev. ed.). Newbury Park, CA: Sage.

Rosenthal, R., & Rubin, D. B. (1979). Comparing significance levels of independent studies. *Psychological Bulletin, 86*, 1165-1168.

Rust, R. T., Lehmann, D. R., & Farley, J. U. (1990, May). Estimating publication bias in meta analysis. *Journal of Marketing Research, 27*, 220-226.

Sage Public Administration Abstracts. (quarterly). Newbury Park, CA: Sage [1974].

Sales and Marketing Management. (monthly). New York: Sales and Marketing Management [1918].

Schwartz, J. (1989, January). Back to the source. *American Demographics, 2*, 22-26.

Science Citation Index. (quarterly). Philadelphia: Institute for Scientific Information [1969].

Science Indicators. (biennial). Washington, DC: National Science Board [1972].

Sheldon's Department Stores. (annual). Edited by K. W. Phelon, Jr. Fairview, NJ: Phelon, Sheldon & Marsar.

Sheldon's Retail Directory of the United States and Canada. (annual). New York: Phelon, Sheldon & Marsar.

Sheppard, B. H., Hartwick, J., & Warshaw, P. R. (1988, December). The theory of reasoned action: A meta analysis of past research with recommendations for modifications and future research. *Journal of Consumer Research, 15*, 325-343.

Singer, M. (1971). The vitality of mythical numbers. *Public Interest, 23*, 3-9.

Smith, M. L., & Damien, Y. M. (Eds.). (1982). *Anthropological bibliographies: A selected guide.* South Salem, NY: Redgrave.

Snedecor, G. W., & Cochran, W. G. (1967). *Statistical methods* (6th ed.). Ames: Iowa State University Press.

Social Science Index. (monthly). New York: H. W. Wilson [1974].

Social Sciences Citation Index: An International Multidisciplinary Index to the Literature of the Social, Behavioral, and Related Sciences. (quarterly). Philadelphia: Institute for Scientific Information [1973].

Sociological Abstracts. (monthly). San Diego: Sociological Abstracts [1952].

Source Book for Criminal Justice Statistics. (annual). Washington, DC: National Criminal Justice Information and Statistics Service [1973].

Standard & Poor's Register of Corporations, Directors, and Executives. (annual). New York: Standard & Poor's.

Standard & Poor's Stock Reports. (annual). New York: Standard & Poor's.

Standard industrial classification manual. (1990). Washington, DC: Office of Management and Budget.

Standardized micro-data tape transcripts. (1976). Washington, DC: National Center for Health Statistics.

Standard periodical directory. (1981). Edited by M. Manning. New York: Oxbridge Communications.

Standard Rate and Data Service. (monthly). Skokie, IL: Standard Rate and Data Service.

Statesman's Yearbook. (annual). London: Macmillan [1864].

Statistical Abstract of the United States. (annual). Washington, DC: Bureau of the Census.

Statistical Reference Index. (annual). Washington, DC: Congressional Information Service [1980].

Statistical services of the United States government (rev. ed). (1975). Washington, DC: Office of Management and Budget, Statistical Policy Division.

Statistics of Income. (annual). Washington, DC: Internal Revenue Service [1916].

Statistics of the Communications Industry in the U.S. (annual). Washington, DC: Federal Communications Commission [1939].

Statistics Sources. (1989). Edited by J. Wasserman O'Brien & S. R. O'Brien. Detroit: Gale Research.

Sudman, S., & Ferber, R. (1979). *Consumer panels.* Chicago: American Marketing Association.

Supplement to Economic Indicators. (monthly). Washington, DC: Council of Economic Advisers.

Survey of Current Business. (monthly). Washington, DC: Bureau of Economic Analysis [1921].

Tax, S., & Grollig, F. X. (1982). *Serial publications in anthropology 1982.* South Salem, NY: Redgrave.

Tellis, Gerard J. (1988, May). Advertising exposure, loyalty, and brand purchase: A two-stage model of choice. *Journal of Marketing Research, 25,* 134-144.

The input-output structure of the U.S. economy. (1984, May). *Survey of Current Business,* pp. 42-78.

Thomas Register of American Manufacturers. (1991). (annual). Edited by R. J. Duchane. New York: Thomas.

Trade and Industry Index. (monthly). Menlo Park, CA: Information Access [1981].

Trade Directories of the World. (monthly). Queens Village, NY: Croner.

Ulrich's International Periodicals Directory. (biennial). New York: Bowker.

Unemployment in States and Local Areas. (monthly). Washington, DC: Department of Commerce, Bureau of Economic Analysis [1976].

UNESCO Statistical Yearbook. (annual). Paris: United Nation Educational, Scientific, and Cultural Organization [1963].

Uniform Crime Reporting. (quarterly). Washington, DC: Federal Bureau of Investigation.

Uniform Crime Reports for the United States. (annual). Washington, DC: Federal Bureau of Investigation [1980].

United Nations Statistical Yearbook. (annual). New York: United Nations [1949].

United States Government Manual. (annual). Washington, DC: Office of the Federal Register, General Services Administration.

United States Political Science Documents. (annual). Pittsburgh: University of Pittsburgh [1975].

Urban Affairs Abstracts. (weekly; quarterly and annual cumulations). Washington, DC: National League of Cities [1971].

U.S. Bureau of the Census. (1990). *TIGER: The coast-to-coast digital map base.* Washington, DC: Author.

U.S. Crude Oil, Natural Gas, and Natural Gas Liquid Reserves. (annual). Washington, DC: Department of Energy, Office of Oil and Gas [1977].

U.S. Government Purchasing and Sales Directory. Washington, DC: Government Printing Office.

U.S. Industrial Outlook. (annual). Washington, DC: Industry and Trade Administration.

Value Line Investment Survey. (quarterly; weekly supplements). New York: A. Bernhard.

Van Willigen, J. (1982). *Anthropology in use: A bibliographic chronology of the development of applied anthropology.* South Salem, NY: Redgrave.

Vital Statistics of the United States. (annual). Washington, DC: National Center for Health Statistics [1937].

Vital Statistics Report. (monthly). Washington, DC: Department of Health and Human Services.

Wall Street Journal Index. (monthly). Princeton, NJ: Dow Jones Books [1957].

Wasserman, P., & Morgan, J. (Eds.). (1978). *Consumer sourcebook.* Detroit: Gale Research.

Wasserman, P., O'Brien, J., Grace, D. A., & Clansky, K. (Eds.). (1982). *Statistics sources* (7th ed.). Detroit: Gale Research.

Wasserman, P., Sanders, J., & Sanders, E. T. (1978). *Encyclopedia of geographic information sources* (3rd ed.). Detroit: Gale Research.

Wasson, C. (1969). *Understanding quantitative analysis.* New York: Appleton-Century-Crofts.

Wasson, C. (1974). Use and appraisal of existing information. In R. Ferber (Ed.), *Handbook of marketing research.* New York: McGraw-Hill.

Wasson, C. R., & Shreve, R. R. (1976). *Interpreting and using quantitative aids to business decision.* Austin, TX: Austin.

Weekly Petroleum Status Report. (weekly). Washington, DC: Department of Energy, Energy Information Administration [1981].

Weiss, M. J. (1988). *The clustering of America.* New York: Harper & Row.

Wheeler, M. (1977). *Lies, damn lies and statistics.* New York: Dell.

Who Owns Whom. (annual). Editorial Manager: Steve Birtles. Buckinghamshire, UK: Publications Division, Dun & Bradstreet.

Who's Who in America. (biennial). Chicago: Marquis Who's Who.

Williams, M. E. (1991). *Preface to Computer Readable Databases: A Directory and Sourcebook* [annual]. Edited by K. Y. Marcaccio. Detroit: Gale Research.

Winer, B. J. (1971). *Statistical principles in experimental design* (2nd ed.). New York: McGraw-Hill.

Work Related Abstracts. (monthly). Detroit: Information Coordinators.

World Advertising Expenditures. (annual). New York: Starch INRA Hooper.

World Agricultural Supply and Demand Estimates. (monthly; quarterly supplements). Washington, DC: Department of Agriculture [1973].

World Agriculture Situation and Outlook Report. (quarterly). Washington, DC: Department of Agriculture, Economic Research Service [1942].

Worldcasts. (quarterly). Cleveland: Predicasts.

World Economic Survey. (annual). New York: United Nations [1947].

World Health Statistics Annual. (annual). General: World Health Organization [1969].

World Statistics in Brief. (annual). New York: United Nations [1976].

Yearbook of Agriculture. (annual). Department of Agriculture [1980].

弘智文化事業出版品一覽表

弘智文化事業有限公司的使命是：

出版優質的教科書與增長智慧的軟性書。

心理學 系列叢書

1.　《社會心理學》

2.　《金錢心理學》

3.　《教學心理學》

4.　《健康心理學》

5.　《心理學：適應環境的心靈》

社會學 系列叢書

1.　《社會學：全球觀點》

2.　《教育社會學》

社會心理學 系列叢書

1.　《社會心理學》

2.　《金錢心理學》

教育學程 系列叢書

1.　《教學心理學》

2.　《教育社會學》

3.　《教育哲學》

4.　《教育概論》

5.　《教育人類學》

心理諮商與心理衛生系列叢書

1. 《生涯諮商：理論與實務》
2. 《追求未來與過去：從來不知道我還有其他的選擇》
3. 《夢想的殿堂：大學生完全手冊》
4. 《健康心理學》
5. 《問題關係解盤：專家不希望你看的書》
6. 《人生的三個框框：如何掙脫它們的束縛》
7. 《自己的創傷自己醫：上班族的職場規劃》
8. 《忙人的親子遊戲》

生涯規劃系列叢書

1. 《人生的三個框框：如何掙脫它們的束縛》
2. 《自己的創傷自己醫：上班族的職場規劃》
3. 《享受退休》

How To 系列叢書

1. 《心靈塑身》
2. 《享受退休》
3. 《愛侶寶鑑》
4. 《擁抱性福》
5. 《協助過動兒》
6. 《經營第二春》
7. 《照護年老的雙親》
8. 《積極人生十撇步》
9. 《在壓力中找力量》
10. 《賭徒的救生圈：不賭其實很容易》
11. 《忙人的親子遊戲》

企業管理 系列叢書

1. 《生產與作業管理》
2. 《企業管理個案與概論》
3. 《管理概論》
4. 《管理心理學：平衡演出》
5. 《行銷管理：理論與實務》
6. 《財務管理：理論與實務》
7. 《在組織中創造影響力》
8. 《國際企業管理》
9. 《國際財務管理》
10. 《國際企業與社會》
11. 《全面品質管理》
12. 《策略管理》

管理決策 系列叢書

1. 《確定情況下的決策》
2. 《不確定情況下的決策》
3. 《風險管理》
4. 《決策資料的迴歸與分析》

全球化與地球村 系列叢書

1. 《全球化：全人類面臨的重要課題》
2. 《文化人類學》
3. 《全球化的社會課題》
4. 《全球化的經濟課題》
5. 《全球化的政治課題》
6. 《全球化的文化課題》

7. 《全球化的環境課題》

8. 《全球化的企業經營與管理課題》

應用性社會科學調查研究方法系列叢書

1. 《應用性社會研究的倫理與價值》

2. 《社會研究的後設分析程序》

3. 《量表的發展：理論與應用》

4. 《改進調查問題：設計與評估》

5. 《標準化的調查訪問》

6. 《研究文獻之回顧與整合》

7. 《參與觀察法》

8. 《調查研究方法》

9. 《電話調查方法》

10. 《郵寄問卷調查》

11. 《生產力之衡量》

12. 《抽樣實務》

13. 《民族誌學》

14. 《政策研究方法論》

15. 《焦點團體研究法》

16. 《個案研究法》

17. 《審核與後設評估之聯結》

18. 《醫療保健研究法》

19. 《解釋性互動論》

20. 《事件史分析》

瞭解兒童的世界系列叢書

1. 《替兒童作正確的決策》

觀光、旅遊、休憩系列叢書

1.　《餐旅服務業與觀光行銷學》

資訊管理系列叢書

1.　《電腦網路與網際網路》

2.　《網路廣告》

統計學系列叢書

1.　《統計學》

衍生性金融商品系列叢書

2.　《期貨》

3.　《選擇權》

4.　《財務風險管理》

5.　《新興金融商品》

6.　《外匯操作》

次級資料研究方法

原　　　著 / David W. Stewart/Michael A. Kamins

譯　　　者 / 董旭英・黃儀娟

校 閱 者 / 齊　力

執行編輯 / 顏麗涵

出 版 者 / 弘智文化事業有限公司

登 記 證 / 局版台業字第 6263 號

地　　　址 / 台北市丹陽街 39 號 1 樓

E-Mail：hurngchi@ms39.hinet.net

電　　　話 / （02）23959178・23671757

傳　　　真 / （02）23959913・23629917

郵政劃撥：19467647　　戶名：馮玉蘭

發 行 人 / 邱一文

總 經 銷 / 旭昇圖書有限公司

地　　　址 / 台北縣中和市中山路 2 段 352 號 2 樓

電　　　話 / （02）22451480

傳　　　真 / （02）22451479

製　　　版 / 信利印製有限公司

版　　　次 / 2000 年 11 月初版一刷

定　　　價 / 220 元

ISBN　　957-0453-11-7

國家圖書館出版品預行編目資料

次級資料研究法：David W. Stewart /Michael A Kamins 著；
董旭英・黃儀娟 譯. --初版. --台北市：弘智文化；
2000〔民89〕 面： 公分
(應用社會科學調查研究方法系列叢書；18)
參考書目：面；
含索引
譯自：Secondary Research

ISBN 957-0453-11-7 （平裝）

1. 社會調查－次級資料研究法

501.2   89011067